创业教育

主　编　赵玉星　蔡　萍
副主编　王胜军　舒丽涛　张佳慧
参　编　章知非　周洪根　张丽君
　　　　杨　柳　姚妹女　杨银亚
　　　　陈益春　黄晓锋　吴秉翰
　　　　庄建阳

北京理工大学出版社
BEIJING INSTITUTE OF TECHNOLOGY PRESS

内容提要

本书从中职生创业的视角出发，以提升中职生的创业能力，帮助学生自我成长为目的，全面系统地阐述了创业教育的知识和技能。

本书阐述了中职生树立创业理想的意义和创业我能行的理念；介绍了创业项目的选择、时机的把握、团队的组建和策略的学习；强化了创业项目的评估、创业大赛的提升和基地的孵化；突出了社会创业教育实践的两个方面——实体创业和网上创业。本书既立足实用性，学用结合，案例导学紧扣中职生的创业实际，项目分析衔接创新创业大赛，具备指导功能；又注重启发性，学思结合，可以促进思维的发展，激发创业的热情，富有教育意义。

本书可以作为中职生公共素养课程的教材，也可以作为社会创业人员的培训教材和创业大赛的辅导用书。

版权专有　侵权必究

图书在版编目（CIP）数据

创业教育 / 赵玉星，蔡萍主编. -- 北京：北京理工大学出版社，2023.8重印
ISBN 978-7-5682-9996-1

Ⅰ.①创… Ⅱ.①赵… ②蔡… Ⅲ.①创造教育－中等专业学校－教材　Ⅳ.①G718.3

中国版本图书馆CIP数据核字（2021）第133546号

出版发行 /	北京理工大学出版社有限责任公司
社　　址 /	北京市海淀区中关村南大街5号
邮　　编 /	100081
电　　话 /	（010）68914775（总编室）
	（010）82562903（教材售后服务热线）
	（010）68944723（其他图书服务热线）
网　　址 /	http://www.bitpress.com.cn
经　　销 /	全国各地新华书店
印　　刷 /	定州市新华印刷有限公司
开　　本 /	889毫米×1194毫米　1/16
印　　张 /	10.5
字　　数 /	178千字
版　　次 /	2023年8月第1版第2次印刷
定　　价 /	36.00元

责任编辑 /	张荣君
文案编辑 /	代义国
责任校对 /	刘亚男
责任印制 /	边心超

图书出现印装质量问题，请拨打售后服务热线，本社负责调换

Preface 前言

党的二十大报告指出：加快实施创新驱动发展战略。习近平总书记更是明确提出"要为青年铺路搭桥，提供更大发展空间，支持青年在创新创业的奋斗人生中出彩圆梦"。面对国家战略的需求，全面实施创新创业教育已经成为中等职业教育的必然选择。应当说，针对中职生实施创业教育也是随着经济社会发展和中职教育自身发展需要应运而生的教育理念。当下，其已成为中职学校提升学生核心素养的重要内容和载体，学校通过组织开展创新创业实践活动，可促进学生个体思维发展、潜能开发，形成自信、独立、坚韧等良好个性品质，从而完善学生个体的综合素质，增强学生个体的应变能力，帮助学生个体自我成长。创业教育正逐渐成为承担教育新使命的有力武器。

本书是在总结中职学校多年来开展创新创业教育课程和创业教育社会培训的经验以及吸取创业教育新理念的基础上编写而成的。本书基于校企合作的人才培养理念，注重发挥基地、企业及学生参与课程的积极性，利用多种教学方法和手段，构建了"教、学、做、赛、创"一体化的教学模式，实现学科课程、活动课程与实践课程互动，形成了"知识、模拟、实训、大赛、实战"五位一体的教学体系。本书收录了中职学校历年来大量优秀毕业生的成功创业案例和获奖作品，同时吸取了网络创业的新资料和创业模式，对当前开展的中职学校创业竞赛情况做了全面系统的介绍，并对中职学校开展创业项目实战和创业人才培养做了深入的分析。本书按照创业想法、创业选项、创业模拟和创业实战的思路展开叙述，特色鲜明，整体风格比较活泼，设计了案例导学、知识链接、能力训练、知识回顾、课后实践、模拟游戏等多个环节。本书既立足实用性，学用结合，案例导学紧扣中职生的创业实际，项目分析衔接创新创业大赛，具备指导功能；又注重启发性，学思结合，可以促进思维发展，激发创业热情，富有教育意义。通过对本书的学习，中职生可以树立创业意识，激发创业热情，提高创业能力，提升核心素养，为自主创业和自我成长奠定基础。

本书由杭州市富阳区职业高级中学、丽水市职业高级中学、奉化区工贸旅游学校的老师和杭州贝腾科技有限公司人员共同编写。全书共分八个任务。任务一（赵玉星编写）旨在让中职生树立创业的理想，理解创业过程的艰难，认识创业者特质和树立创业我能行的理念；任务二（赵玉星编写）厘清创业的含义，让中职生学会评价自己的创业条件，学会选择适合自己的创业时机；任务三（赵玉星、周洪根、杨柳编写）介绍创业项目的来源，让中职生学会结合自身专长发掘创业项目，运用SWOT方法分析创业项目，能够对企业所在的环境进行评估；任务四（赵玉星、姚妹女、张丽君、黄晓锋编写）明确了企业的内涵及其分类，介绍了初创企业人员的构成以及创业团队管理中需要面临的问题；任务五（舒丽涛编写）介绍了选择企业的法律形态及其企业的营销策略；任务六（张佳慧、舒丽涛编写）介绍了进行市场评估、制定利润计划和初创企业的资金筹措；任务七（舒丽涛、赵玉星、杨银亚编写）着重介绍了参加创业大赛各项重要技能、创业项目的实战和小微企业初创失败的原因及如何防范的方法；任务八（章知非、吴秉翰、庄建阳编写）主要介绍了网上创业的主流形式、基础条件和日常管理以及如何打造网上爆款。蔡萍参与编写了教材的框架和大纲，王胜军提供了编写素材，陈益春为本书提供了部分案例。

赵玉星任主编并负责本书的整体设计和统稿，并编写前言和内容提要。舒丽涛协助主编进行本书的研讨论证和联络工作，并对文稿的修改提出许多有益的建议。本书编写过程中，得到了北京理工大学出版社编辑的大力支持与帮助，在此致以诚挚的谢意，同时，本书参考、引用了部分同类书籍的内容，在此对相关作者表示感谢。

本书使用时间为一学年，课程面向中职学校各专业学生，建议总学时为36学时，学分为2学分。

由于编者水平有限，加之编写时间仓促，书中难免存在疏漏、错误之处，恳请各位读者批评指正。

编　者

Contents 目录

任务一　开启创业人生 1
　　一、产生创业想法 3
　　二、走向创业之路 6

任务二　把握创业机会 12
　　一、什么是创业 14
　　二、创业者自我分析 14
　　三、选择创业时机 16

任务三　选择创业项目 25
　　一、创业项目的来源 26
　　二、创业项目的分析 41

任务四　组建创业团队 50
　　一、什么是企业 52
　　二、创业团队的组建 55
　　三、创业团队管理 60

任务五　学会创业策略 65
　　一、选择企业的法律形态 67
　　二、选择企业营销策略 75

任务六　创业项目评估 89
　　一、进行市场评估 90
　　二、制定利润计划 96
　　三、筹措创业资金 105

任务七　创业基地孵化 113
一、创业大赛提升 116
二、创业项目实战 125
三、创业风险防范 133

任务八　尝试网上创业 141
一、网上创业的准备 143
二、网上创业的日常管理 148
三、如何打造网上爆款 153

参考文献 161

开启创业人生 任务一

学习目标

学完任务一的内容后,你应该能够:

※ 正确地理解中职生应当树立创业的理想;
※ 理解创业过程的艰难,养成良好的品质;
※ 了解一个成功的创业者应具备的特质,学会评价自己的创业潜质;
※ 理解成功创业需要的心态,培养自己的创业自信心。

案例导学

1个职高班走出34个创业者

一个只有58名学生的职高班,竟然走出了34个自主创业的创业者,其中有10家企业销售额已经达到500万元以上。宁海县职教中心某班学生集体成才的现象在当地引起较大反响。

"搏击中获得乐趣,开拓中收获成功"是该班学生胡红波的口头禅。从职校毕业后的他先在多家企业打工,等工作了一段时间后,他就利用自家的3间简陋平屋,自己设计安装车床等机械设备,生产手刹车总成产品。为了寻找销售渠道,他背着重达36公斤的产品走南闯北上门推销。说起当年的艰苦创业,胡红波告诉笔者:"在职校读书时,学校对我们的艰苦磨炼成了我一生的宝贵财富。"当年,学校为了磨练学生意志,让他们在寒冬趴在地上瞄靶,大热天则在车间里操作机床,骄阳下练操……胡红波至今还记忆犹新。现在,他经营的公司年销售额虽然只有几百万,但他自信能闯出更广阔的天地。

该班学生、宁海嘉士伯文具有限公司总经理林绍嘉回忆说，当时，为了让学生加强动手能力，学校专门投入500多万元创办的实训基地都是模仿企业车间设计的，学生到车间实习，就以"工人"身份接受企业模式管理，这为学生尽快适应企业创造了良好的氛围。

林绍嘉的父亲原先经营的是文具冲件小作坊企业，为了继承父业，加上宁海又是中国模具生产基地，于是他选择了就读职高机械专业。由于在校期间学习扎实，毕业后工作起来很顺手，慢慢地，他从一个车间工人晋升为车间主任、公司主管。之后他接手父业，对公司单一的配件加工生产模式进行了大刀阔斧的改革。因为他熟悉专业技术，各个生产环节安排得十分妥当，所以企业很快步入良性发展轨道，目前，他经营的公司年销售额近2 000万元。

在采访中，笔者还发现了一个很有趣的集群创业现象：该班毕业生创办的企业中，有一半以上与模具、塑料制造行业有关，这些企业大都结成了紧密型的合作关系，其中5家规模以上企业就"带动"了20多名同学从事相关配套行业。同学之间经常聚会，互通信息，互相帮带，共求发展。

课堂讨论

1．一个职高班走出34个创业者给你有怎样的启示？

2．在该班毕业生创办的企业中，有一半以上与模具、塑料制造行业有关说明了什么？

一、产生创业想法

人的一生其实就是以出生为起点的一次创业。创业人生需要创业梦想来开启,更需要创业行动来实现。在创业道路上,人们只要心中充满梦想,不惧艰难险阻,就可能演绎出一段精彩的人生。

(一) 梦想成就未来

习近平总书记指出:每个人都有理想和追求,都有自己的梦想。梦想是一个人最可贵的财富。人们常说,有梦想才能有行动,有行动才可能成功。当有了梦想后,我们就要努力将其实现。人类因为有梦想而伟大,因为实现梦想而变得更加伟大。人这一辈子,只有坚持不懈地为了心中的梦想拼搏,才有价值。拥有梦想并实现梦想,你的人生才会与众不同。

锚定梦想,一切变简单

你到底要想成为怎样的人?未来 10~15 年,你到底最想获得什么?这是最重要的。你可以称其为梦想,也可以称其为价值观。

为什么?因为你一旦想清楚了,以后你无论做什么判断、做什么选择,那就简单多了。有助于实现我梦想的,我就干。对实现梦想没帮助的,我就放弃。锚定梦想,短期内不管遇到什么诱惑或什么困难,你都不会改变判断和选择。

在这点上,我很幸运,在困难面前我很少动摇,经常是一拍脑袋就做决定了。因为我上高中的时候,就想清楚了自己这辈子要干什么。我不想要进入一个仰人鼻息的单位,就想着开一个自己的计算机公司开发软件,自己掌握命运,而且软件开发好了,很多人都能用,这样很有成就感。一旦有了这个想法,所有的选择都变得非常简单。比如,我上高中的时候在全国物理竞赛上获过奖,很多大学都愿意录取我。其中一所比较著名的大学,想录取我进入食品工程专业学习。我父母听说以后非常高兴,他们经历过吃不饱饭的年代,觉得选择这个专业,以后就不愁吃饭了。但我坚决不同意,因为我对

食品不感兴趣,我就是喜欢开发软件。当时,西安交通大学也要录取我,当时我也不知道这个是学什么的,还以为它是修铁路的大学。但西安交通大学让我上计算机系,于是我就去了,因为这符合我的目标。相反,我很多同学根据当时热门不热门来选专业,很多人选了国际贸易专业。这种选择看起来很聪明,但现在看来,这未必是他们真正想要的,也未必是自己能够施展才华的专业。

我大学毕业时,也面临着选择。到底是去南方的一家银行工作,一个月拿在当时属于高薪的3 000元工资,还是去北京的一家大型计算机公司,一个月拿800元的工资?我没犹豫就选择了后者,因为只有到计算机公司工作,才能学习怎么开发软件,才有机会实现我的梦想。

课堂讨论

1. 作者的梦想是什么?在面临多种选择时,他是怎样坚持自己的梦想的?

2. 作者的成功创业对你有什么启示?

（二）创业不怕磨难

虽然创业后获得的成功是美好的，但其中的过程充满曲折和磨难，有太多的无奈和艰辛。

一个准备创业的年轻人，必须拥有良好的心态，要有百折不挠的意志。有人说，创业如同去西天取经，会遭遇九九八十一难，需要你有足够的勇气去面对各种困难和挑战，要做好吃苦的准备。只有不畏艰难，才能打开成功的大门。

曲折创业路

开中餐馆、摆夜摊卖啤酒、销售手机、做皮毛供货商、转行机械加工与制造，这些创业经历都发生在一个名叫张毅的小伙子身上。

职高毕业后，张毅听说当厨师赚钱快，于是就在小天鹅饭店学习完厨艺后，利用家里底楼的三个门面开起了饭馆，出售当地流行的特色菜。没有创业经验的张毅很快就遇到了麻烦：虽然店铺位于人流量比较大的地段，但由于类似的饭馆太多，其中不少都是经营了十多年的"老字号"，和这些饭馆相比，新开的饭馆根本没有多大的竞争力。半年后，张毅的第一次创业以饭馆的关门告终。

首次创业失败后，张毅开始到全国各地进行创业尝试。他了解到做啤酒业生意利润最高可达50%，并且投入风险小，不需要门面，于是，他利用夏季，到县城开了一家夜宵摊，主要卖啤酒。夏天结束后，夜宵市场高峰也结束了，张毅利用在这段时间赚到的钱，先后到河南、新疆等地做手机和皮毛的生意。当时，在新疆购入一张售价为500元的皮毛，将其卖给老家的深加工厂商售价可达1 000元以上，他因此赚了50 000多元。

就在生意做得顺风顺水时，张毅委托的一个中间商却在接到买家货款后卷钱逃走了，他为此损失了20 000多元，相当于2年的积蓄，事业受到重创。但张毅有一股不服输的精神，并未因此而放弃创业。没多久，张毅又开始投身机械行业，几年的努力终有了回报：目前这家机械销售企业初具规模，年产值已经达到500万元，固定资产达250万元。此时张毅对自己的企业也有了更高的发展目标。

课堂讨论

1. 分析张毅的创业经历，你认为创业者需要拥有哪些特质？

2. 张毅创业的失败和成功对你有怎样的启示？

二、走向创业之路

（一）创业者特质

一个创业者的心理、行为、知识、能力，都会对创业的成功产生影响。那么一个创业者要具备什么样的特质，才能使得创业更容易取得成功呢？真正的创业者除有创业梦想之外，还要具有以下特质：

（1）成功的创业者都具有一定的冒险精神，勇于尝试，从不畏惧失败。

（2）成功的创业者都充满自信，相信没有办不到的事。

（3）创新是创业者的本质，成功的创业者都具备创新意识。

（4）成功的创业者往往具有常人所没有的战略眼光，能看见别人看不到的机会，并且善于抓住机会。

（5）成功的创业者大都具备出色的社交和沟通能力，拥有一定规模的社交网络。

甘为人梯传石艺

杨伟勇从县工艺美术学校毕业回到家乡官店村后，一改家乡石材企业经营方式，他利用家乡丰富的石材资源，凭借自己精湛的技艺，尝试按照客户的要求雕刻墓碑或石栏杆上的花纹、走兽飞禽，很快就赢得客户的好评，生意纷至沓来；更有许多年轻人纷纷前来向他拜师学艺，杨伟勇总是来者不拒，认真传授。他要让学徒们相信，学好石雕技能将来一定大有可为，自己则甘当人梯，无私地将绝活传授给向他求教的人。一时之间，村里学石雕成风，雕刻的技艺也由先前的粗加工向深加工、细加工转变。

不久，村里唯一的石雕厂由于改制解散了，杨伟勇的父亲回家办起了自己的石雕厂。一石激起千层浪，厂里原先几位石雕师傅也纷纷效仿，各石雕厂如雨后春笋般涌出，杨伟勇的徒弟们也全都有了施展拳脚的机会，他们找到了自己的创业致富之门，官店村的石雕工艺由此而兴起，一家家石雕企业也不断发展壮大。现在，村民精雕细凿制作的石狮、石雕人物像、大型石雕壁画工艺品已远销海外。在"石雕石材加工"这个"龙头"带动下，官店村"运输"和"餐饮"也跟了上来，成了官店村经济快速腾飞的另一翼，全村自主创业蔚然成风。

随着村石雕企业的增多，杨伟勇发现，村里各企业之间的不良竞争成了发展中的大问题。为此，杨伟勇以自己的真知灼见，高瞻远瞩，牵头组织了"官店石雕石材行业协会"，该协会负责全面协调各企业主及有关部门的关系，做好服务工作，引导和组织企业进行有序生产。他不再满足于原先小打小闹、分散经营的小生意，而是把眼光投向大工程。他了解到，这些大工程的投资者们也更倾向于找有实力、重信誉的企业合作。调研、考察、洽谈，他先后接进萧山东方文化园、上海城隍庙黄金、新昌大佛寺卧佛、东阳横店影视城等驰名海外景点的所有石雕工程。然后通过协会，将工程项目分配到乡里的各个雕刻企业，成品集中质检后及时地交付客户。有效的组织和严格的质量把关，杨伟勇的好信誉声名远扬，也打响了官店村石雕工艺的知名品牌。

课堂讨论

1. 杨伟勇具备什么样的创业者特质？

2. 杨伟勇的创业成功对你有什么启发？

（二）创业我能行

有人曾对成功人士的心态加以研究，写了一本名为《成功并不像你想象的那么难》的书，并告诉我们一个简单的道理：只要你对某一事业感兴趣，长久地坚持下去就会成功。从这个角度来说，创业就是有良好的心态，做自己喜欢的事情，并坚持不懈地一直做下去的过程。

拥有积极的心态，创业我能行。

人生因自信而精彩

应一鸣是宁波经贸学校1999届中英文打字班的一个普通学生，毕业后凭着扎实的专业技能进入宁波海关工作。对于很多职高生来说，想成为一名公务员，实在很难，但应一鸣从来不这样想，她觉得自己虽然是职高生，没有高学历，但社会一定也为自己提供了可以展示精彩人生的舞台，所以她并不自卑，在众多应聘者中，她凭着自信和遥遥领先的打字速度一举获胜，成功获得了自己喜欢的工作。

在工作岗位上，她也是凭借扎实的基本功和过硬的技能，在每年的各类汉字录入比赛中都能取得喜人的成绩。她曾连续两年获得全国海关系统职工汉字录入比赛第一名。为了全面提高海关文秘人员的专业素养，浙江省曾举行全省海关系统文秘人员无纸化公文写作比赛，因为应一鸣大专自考时学的是汉语言文学专业，业务能力又强，所以又被单位选为参赛选手，经过充分的准备和同事的全力帮助，最后她荣获了第二名。之后，宁波市总工会评选全市劳动模范，海关系统推选了两个名额，应一鸣就是其中之一，凭借着充满朝气的工作热情和拼搏向上的工作态度，这位自信而勤勉的职高生又一次戴上了成功的花环。

课堂讨论

1．应一鸣在人才济济的国家机关里工作时，是凭借怎样的能力演绎出自己的精彩的？

2．你认为战胜自卑的方法有哪些？

知识链接

英国心理学者哈德菲尔德发现：人在自信的情况下，可以把自己的能力发挥到500%以上；而没有自信的人，则只能发挥出自己能力的30%。可见，自信对于创业者来讲极其重要。

建立自信的基本方法有三个：一是不断地取得成功；二是不断地想象成功；三是不断地移植成功，也就是将自己在一个领域取得成功的"自我卓越"心理，移植到同样需要自信的新领域中。

知识回顾

活动实践

活动一：（画一画）寻找我的创业之路（图1-1）。

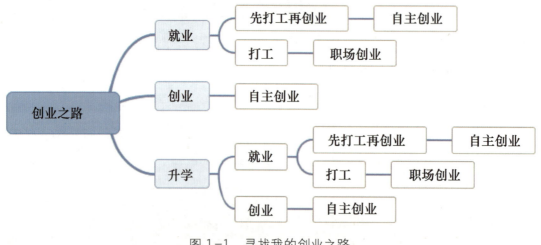

图1-1 寻找我的创业之路

活动二：（填一填）认识我的创业动机。

请在表 1-1 中 A、B 栏里选择符合你想法的陈述，并在它们对应的空格中打"√"。

表 1-1　创业动机自我分析表

	A	B	
	我没有工作经历	我有工作经历	
	我从自己干过的每一份工作中都学到了一些东西，我发现工作很有意思	我工作只是为了挣钱，工作没有什么乐趣，我对工作兴趣不大	
	我想让我的企业成为我的终身事业	我想创业，因为我没有其他选择	
	我想拥有一家企业，这样我就能够为自己的家庭提供更优质的生活	我想创办企业是因为我想取得成功	
	我坚信，我的成功与否更多地取决于自己的努力	一个人不论做什么，要想成功，都需要其他人的大力帮助	

活动三：（选一选）测试我的创业潜质。

如果你的公司在一座八层的大厦里，你希望自己的工作地点在哪层？（　　　）

A．一层或二层　　　　　　　　B．三层或四层

C．五层或六层　　　　　　　　D．七层或八层

任务二　把握创业机会

学习目标

学完任务二的内容后，你应该能够：

※ 理解创业的定义；

※ 学会评价创业的条件；

※ 选择适合自己的创业时机。

案例导学

寻找自己的天空

1999年，孙剑初中毕业后，选择进入富阳职业高级中学就读，于2002年毕业。比别人幸运的是，他不用到处奔波找工作，因为孙剑的父亲有自己的轮胎生产公司。

孙剑在众人羡慕的眼光中走进了自己父亲的公司，但与自己意料中不同的是，父亲并没有让自己去坐舒服的办公室，而是去了生产车间，整日与轮胎橡胶打交道。一年的生产实践磨掉了孙剑最初的娇气，同时也促使他内心产生了自己的想法，那就是去创造一片属于自己的蓝天。孙剑知道，光有理论是不够的，还需要经验、技术、资金等，自己需要父亲的帮助。于是孙剑与父亲进行了一次长谈，父亲同意了孙剑的想法，对孙剑说："给你十万元，想做什么就做什么。"父亲这句话让当时仍然彷徨的孙剑坚定了信心，认定了将来自己要走创业这条路。

究竟走一条什么样的创业之路呢？孙剑想了很久，自己一毕业接触的就是橡胶轮胎等产业，算来算去还是对这行比较熟悉，但是如果再开一个轮胎公司好像前途又不够光明，和父亲反复商量后，孙剑决定开一个专门经营橡胶轮胎的进出口贸易公司，因为开这样一个公司，他可以依托父亲的工厂作为实体基础，能够事半功倍。想做就做，2004年，孙剑离开了父亲的生产车间，创办了自己的贸易公司。最初公司规模很小，除了孙剑自己，只有一个员工，跑业务、下厂房、联系客户等都是孙剑一手包办的。创业期的孙剑总是不断请别人吃饭，了解市场，把需要的各行业的知识都学到手，"这是一个不可缺少的过程"。在孙剑看来，学校教育对学生的培养，不仅在于课本的知识，还在于学习的能力，因为在社会生活中这种突击能力特别重要。直到现在，公司招聘时，孙剑依然强调对于这种能力的要求。

凭着自己对橡胶轮胎行业的熟悉和肯吃苦的精神，再加上不服输的劲头，孙剑在短短两年时间内已经在业内小有名气了。

课堂讨论

1. 孙剑是怎样走上自主创业之路的？他做出了怎样的选择？

2. 孙剑创立公司这件事对你有什么启示？

一、什么是创业

创业是在运营和拓展事业的过程中，创造新产品、新服务并使事业稳健发展的一种思维和活动。

这里所指的创业不仅包括自主创业，也包括个人或组织在企业母体中独立开创业务，还包括文化、经济、政治等多个领域内的行为创新，它指向所有包含"创新"的思维和行为活动。从这个角度来说，创业是人人皆能之事。

二、创业者自我分析

中职生的专业技能、兴趣爱好、打工经验、社会交往和家庭背景对于选择创业项目和机会都是很重要的。

例如，小成同学学习的是园艺专业，他学会了插花和茶艺，同时他还参加学校开办的扬琴兴趣班，因此他可以利用这些知识和技能创办一家企业。

你的兴趣和爱好也可以给自己带来很多创业的项目。讲故事、画画、科技小发明、踢足球、制作糕点、操控无人机等，这些兴趣爱好都可以变成你的创业项目。

在下面的空白处，写出你能够想到的事情，越多越好，即使这些想法初看上去很奇怪或不切实际。好的创业项目往往源于异想天开。

（一）我的能力

我的技能——我擅长做以下事情：

1.

2.

3.

4.

5.

我的兴趣——我喜欢做以下事情(包括我的爱好):

1.

2.

3.

4.

5.

(二)我的经验

我的经验——我有以下工作经验或实践经历(包括暑假打工):

1.

2.

3.

4.

5.

我的社会关系——我认识在以下企业中工作的人,他们可以为我提供信息、建议或者帮助(说明他们的职位):

1.

2.

3.

4.

5.

你可能有很多技能、兴趣、经验和社会关系,这些都能够帮助你发现适合自己的创业项目。当你想到其他一些兴趣或技能时,随时可以把它们加到这张单子里。

知识链接

提高你的创业素质和能力

◎与成功的创业者交谈,向他们学习;

◎做成功创业者的助手或学徒;

◎阅读一些可以帮助你提高经营技巧的书籍;

◎报名参加学校的兴趣小组或者社团活动,接受培训。

三、选择创业时机

机遇只偏爱有准备的人,能否抓住机遇、利用机遇,关键在于人们是否有准备,即在知识、技能、文化、思想等方面的准备;在于勤奋努力,选择时机就是选择成功。因此,从某种意义上说,选择什么时候开始创业就显得很重要了,这势必关系到你能否成功创业。从这个角度来看,中职生可选择的创业时机不外乎四大类:一是边读书边创业;二是毕业后就创业;三是边打工边创业;四是先就业再创业。

(一)边读书边创业

作为一名在校学生,创业的艰辛与压力是非常大的。边读书边创业,难免会影响学习；为了兼顾两头，创业者要付出双倍的努力和精力。此外，在校生创业的项目最好和自己所学专业对口，自己的兴趣特长相符合，要找准创业与学业间的平衡点，这样不但可以处理好两者之间的矛盾，而且在创业过程中还能学到更多本领。

边求学边创业

每个人都有自己的梦想。吴宁从小的梦想就是有属于自己的企业，不用给别人打工。简单地说，就是自己做老板。

让人没有想到的是，还是高三学生的吴宁，就初步实现了他创业的梦想。准确地说，高二结束后的暑假期间，他就创办了自己的实业——当地第一家台湾大鸡排店。

他在网上注意到一个商业信息：台湾大鸡排店要在富阳地区招标加盟店。他立即和一个做食品生意的朋友取得了联系。得到朋友的肯定之后，两个年轻人立马去该加盟店上海大陆总代理和杭州几家实体店进行了零距离的考察，一致认为这个项目不错，富阳没有这种店，潜在市场巨大。"要做就做别人没有的。"这是吴宁经营饮食店的理念。有了项目，自己还是学生，没有资金怎么办？不能贷款，吴宁只得向父母开口借了5万元作为本钱。两个合伙人共出资10万元，一举拍下标的、选好店面、装修店面、置办物品、办理执照、物色人选……他们的大鸡排店不到一个月就紧锣密鼓地开张了。2013年8月8日，当吴宁的同班同学大多在为高考挥汗如雨地复习时，他的第一家台大湾鸡排店开张了。刚满18岁的他已经当上了老板。

生意一开始就非常火爆，销售业绩一路攀升，这出乎他们的意料，也给他们带来了充分的信心。虽然店面位置比较偏僻，但闻讯赶来的人不少，口碑越传越远，有时两人实在忙不过来，只有临时请帮手。现在，除了他们两个老板外，还雇了两个小工，其中一个专门负责送外卖。

吴宁在经营大鸡排店的同时，还不忘积累资本，拓宽创业思路。后来，他果断入股朋友的奶茶店，以谋求更大的发展空间。谈到对于未来的打算，吴宁信心满满，通过几个月的实践，自己的观念更新了，思路开阔了，对未来也有了新的规划，正积极为扩大经营规模和范围作充分的准备，适当的时候，在富阳开一家上规

模上档次的饮食店,经营台湾鸡排、奶茶、冷饮、果汁等,追寻更大的梦想。

课堂讨论

1. 吴宁是如何创办公司的?他的成功给了我们怎样的启示?

2. 边读书边创业的创业方式要注意哪些问题?

(二)毕业后就创业

中职生一出校门就进行创业被许多人视为一种冒险的行为,但是也有人认为创业就是一场伟大的冒险,需要胆量,更需要把握时机。冒险精神是企业精神的一个重要组成部分。机会稍纵即逝,要全部准备好后再创业,有时候就会失去很多有利的时机。事实上,企业精神散布在不同年龄的人群里,有些很成功的企业家,创业初期还很年轻。因此,有勇气的人就应该紧紧地抓住机遇,大胆地去创业。毕业后创业也是人生的一种选择。

案例导学

涅槃,在烈火中永生

俞利琴1999年毕业于某职高幼师班,2000年创办宝宝乐幼儿园,现在是受降镇中心幼儿园分园园长。

万事开头难。当年受降镇宝宝乐幼儿园初办时，第一个月只招到了8个孩子，凭着一种创业的激情和信心，经过多方的介绍和努力，第二个月孩子人数增至60人，第三个月达到90人，孩子主要来源于附近的村庄以及邻近山庄。现在，幼儿园办学规模扩大，有300个孩子，光硬件投入就有100多万元，由于办学理念先进、校园管理严谨而且科学，一些家长甚至不顾路途遥远，自发合伙拼车将孩子送来入园。另外，俞利琴还依托多年办学和舞蹈教学经验，并将其与新农村文化建设结合起来，为社区和村镇培训培养舞蹈能人，取得了很好的社会和经济效益。她个人也先后获得了"2008年度浙江省农村文化示范户""杭州市文化示范户""妇女工作先进个人"等称号。

课堂讨论

1．俞利琴是怎样创办幼儿园的？她对创业有什么样的想法？

2．毕业后选择创业方式时要注意哪些问题？

（三）边打工边创业

对于不想冒任何风险而又想尝一尝创业滋味的上班族来说，不妨先尝试一下兼职——边打工边创业。上班族在选择兼职的时候，一定要注意与自己的特长和未来发展的方向相结合。兼职可以锻炼自己的能力，也可以积累资源，以达到缩短从打工者到老板所需

的时间。在职创业比较倾向于选择具备投资较小、占用时间不多、能够委托他人打理、充分发挥自身优势等几个特性的项目。

案例导学

从田埂上走来的记者

俞国平1984年9月就读于某职业高级中学畜牧专业，毕业后即在家务农打工。1987年，他根据身边发生的事情写了一篇近千字的纪实文章，给浙江省人民广播电台《对农广播》节目投稿。没想到三天后，收音机里居然完完整整地播出了他的稿子，随后还寄来了七元稿费。

从那以后，俞国平干劲十足，白天下地干农活，晚上坚持自学，写新闻、写小说、写戏剧，乐此不疲。为了提高自身修养，1988年，他通过刻苦自学获得了大专文凭，还在《新农村》杂志上发表了一些文章。1989年，当地广电局招聘乡镇报道员，他凭借自己扎实的功底和优异的成绩当上了乡镇广电站报道员，1990年正式成为记者，并被单位评为先进工作者。

课堂讨论

1. 俞国平是怎样成为一名正式记者的？

2. 选择边打工边创业方式要注意哪些问题？

几种适合上班族业余创业的项目

1．兼职

比较适合想创业但又不想增加创业风险的都市白领一族，也是一种比较好的增加额外收入的方式，在北京、上海、深圳等大城市，越来越多的都市白领都开始加入兼职创业的队伍。

2．副业

对于上班族来说，可以利用自己在工作中的人脉和社会关系、利用业余时间进行副业创业的尝试，在此期间副业发展到一定的规模后，你就可以全身心地投入创业的道路上而没有后顾之忧了。

3．合伙创业

比较适合刚走出校门的毕业生，不但能节约创业的成本，还能让不同人的才能得到发挥，但合伙创业需要对合伙人进行选择，否则很容易引发问题。无论是和同学、朋友进行创业还是进行夫妻创业都会遇到一些问题，应该谨慎对待。

4．开店

这里所指的开店包括开网店和开实体店两种：如果你是一个经常利用计算机进行工作的人，则可以进行网上创业，开网店是种不错的选择；如果你有其他资源，而且手头资金也充裕，就可以开一家实体店，然后利用业余时间进行管理。

（四）先就业再创业

某创业成功人士曾说过："如果没有适当的储备，那就选择就业，而保持创业意识。在创业之前，最好先找一家公司或组织打工，体验别人的创业过程，积累管理经验。对一个行业熟悉之后，创业的成功率就较高"。

以未来个人创业为目的的就业，首先要解决好就业问题。在就业的过程中不断思考，然后找到创业的路线。在这种路线中有两种典型的选择，一种是选择所在打工单位本身的模式或者其部分业务单元的业务模式进行创业；另一种就是在这一工作单位接触

的各方面业务的基础上，熟悉与了解相关的业务机会与资源，待各方面条件充分成熟以后，再开创自己的事业。

案例导学

一个不安分的人

1990年，毕业于富阳职业高级中学电子电工专业的吕宏到亚热带林业研究所（富阳）当电工。一年后，不安分的他便辞去了那份被人看好的美差，在老家新登街上开了一家家电维修店，用他的话说是专业对口、兴趣使然。

通过三年打拼，吕宏尝到了甜头。不安现状的吕宏随即转让了维修店，创办富阳双江制衣厂，由家电行业转入全新的服装行业，而且生产和谈业务一手抓。后来，皮装外销受市场冲击太大，精明的吕宏及时调整战略，果断将走下坡路的制衣厂转手，旋即创办了新兴产业——物资公司。正是那几年难忘的磨炼，开阔了吕宏的视野，增长了不少见识，为他日后走出富阳，拓展事业，积累了宝贵的经验。

1998年，雄心勃勃的吕宏来到杭州寻求发展，如日中天的房地产业一下子吸引了他。于是，那年的春天，他卖掉物资公司，投身房地产业。与人合伙在杭州创办了浙江华元建设置业有限公司地基分公司。2002年，他又创办了杭州泰阳贸易有限公司。年轻的吕宏跳出了富阳新登，在大都市中很快地转换了角色，将自己的人生舞台悄悄定格在了美丽的西子湖畔。

课堂讨论

1. 吕宏是怎样创办公司的？

2. 从就业做起的创业方式要注意哪些问题？

知识回顾

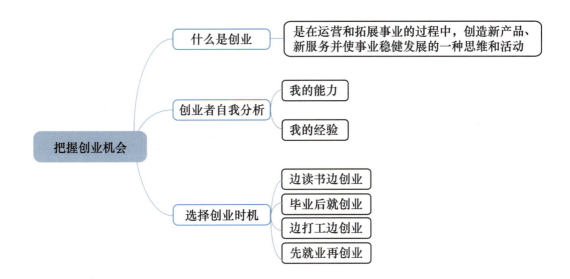

活动实践

活动一：（测一测）创业测试。

忙碌了一天，正酣然入睡的你忽然被手机铃声惊醒，这时你会做出什么反应？（　　）

A．立即接通　　　　　　　　　　　　B．关机拒接

C．看电话号码后决定　　　　　　　　D．不理睬，继续睡

活动二：（填一填）增强你的创业能力（表 2-1）。

表 2-1　创业弱点及改进办法

	弱点（列举你在素质和技能方面的弱点）	改进办法
1		
2		
3		
4		

活动三：（想一想）创业思维训练。

一位名叫阿·布鲁特的退休老人住在荷兰的一个小镇上。他和不少退休老人一样，每天都用看电视来消磨时间。有一天，电视里播放有关月球探险的节目。在电视屏幕里，主持人煞有介事地将月球的地图摊开，并口若悬河地加以讲解。

请问：你会由此产生什么样的联想？发现哪种商机？

活动四：（写一写）选择你的创业时机和理由。

选择创业项目 任务三

学习目标

学完任务三的内容后,你应该能够:

※ 掌握创业项目的来源;
※ 学会结合自身专业和特长挖掘创业项目;
※ 运用 SWOT 方法分析创业项目;
※ 学会对企业所在的环境进行分析。

案例导学

中职生的创业项目

（1）小陆是一名中职旅游专业的学生，目前在某一线城市的一家旅行社实习。在工作中小陆发现，该市的一些大公司，有经常组织公司员工团建的习惯，但他通过调查得知，该市暂时没有专门提供各项团建服务的策划公司和场地公司。于是，小陆萌生了创办团建基地的想法。

（2）小林是某中职院校电子商务专业的毕业生，毕业后回到老家入职某农产品网络销售公司。小林的家乡盛产菌类和稻米类的农产品，且品质优异。但小林所在的公司销量不怎么好，小林想运用自己的专业知识，为公司做出一点改变。

（3）小王是某中职院校烹饪专业的毕业生，他在实习中发现，在大中型城市中，麻辣火锅店的生意非常好，但自己老家目前还没有这样的店，于是小王有了在老家加盟一家麻辣火锅店的想法。

课堂讨论

1. 你认为创业项目的来源有哪些？

2. 你更看好上述案例中谁的创业前景？

一个创业项目得以启动，一定有某种适合的理由；一个创业项目得以成活，一定有其独特的优势；一个创业项目能够发展，一定要富有自己的特色。总之，一个创业项目得以成功的来源是十分关键的。

一、创业项目的来源

（一）了解创业项目

创业的激情与高失败率之间的巨大反差，让创业者创办自己的企业时如履薄冰，如果说激情和对成功的渴望是创业的动力，那么选择项目则是创业的起点。选择一个适合的项目就等于拥有了一个良好的起点。因此，能否找到一个适合创业的项目在很大程度上决定了创业的成败。

一般而言，市场有需要且达到一定规模的项目，就能成为一个好项目。但是要看到市场的需要是会随着时间、地点而不断地发生变化的。所以项目的选择，要考虑什么时候、什么地点进入是适合的。选择能够发挥自己特长和优势的项目，往往成功的概率会更高。这就需要创业者明确自己的优势，做出充分的评估，再进行科学选择。当然，市场有需要，自身不具备优势时，也可以通过培训学习提升自己的能力，或者招聘具有特长的人员组成创业团队来实施项目创业。

选择创业项目之前，首先要懂项目，即充分理解项目，权衡利弊，分析比较，确认能够为自己的企业盈利。只有真正确认这个项目适合自己创业，才有可能少走弯路，提高创业成功的概率。

2016年挑战杯国赛一等奖——双人便捷式提水器

双人便携式提水器是夏老师带领学生一起设计、研究并批量生产的产品。该提水器结构简单，可折叠，使用方便，价格合理，质量可靠，承重大于50 kg，使用寿命长，拥有三项专利。通过线下和线上宣传销售，双人便携式提水器已经销往全国多所学校，为广大中小学生带来了方便。

团队成员陆楹赟等在课堂上发现了学生提水存在的问题，萌发了设计提水器的想法。通过检索他们发现市场上目前还没有类似的产品，只有单人提水器。提水器重点是解决低龄段学生和体力不足的女生抬水的难题，但他们觉得单人提水器还存在很多不足。通过查找资料、团队讨论、请教专家等，团队成员设计出了一款不但美观而且实用的双人便携式提水器，首先在校内进行推广试用，得到了学校老师和学生的一致好评。为了提升产品知名度，他们积极申报专利，同时通过产品试用、网络平台、各类大赛、校长论坛等推广双人便携式提水器。这个看似不起眼的工具却解决了困扰学生的难题，在比赛时得到评委的一致好评。评委对于该校学生的创新精神、拼搏精神和精益求精精神给予了高度评价。这个不起眼的提水器获得了国赛一等奖。

课堂讨论

1. 结合案例想一想，提水器团队的创新想法是怎么产生的？

2. 他们是如何将提水器产品进行推广，让创新发明变成热销商品的？

（二）寻找创业项目

创业，首先面临的问题是寻找一个适合的项目。在寻找创业项目的过程中，因为方法不当，许多创业者走了不少弯路。如何较快地找到合适的项目，可以从两方面入手：市场有需要，自身有优势。

1. 市场有需要

寻找创业项目一定要到市场上去考察。到市场上去的目的，就是了解市场的规则、市场的反应、市场的机会和信息。了解人们喜欢什么，需要什么；了解市场上有什么，缺什么。只有吃透了市场，才能对于寻找创业项目的方向了然于胸。

（1）人有我无——拿过来。

拿过来，指的是完全借鉴，即复制一个现有市场上的创业项目。当你发现身边的市场有需要，而本地又没有这样的创业项目时，最简单的办法就是复制——拿过来。相对而言，这时最容易找到一个创业项目。只要你是有心人，而且善于发现外地独有的创业项目，就可以考虑这个办法。通常来说，能拿过来的项目门槛不高，具有一定的普遍性和迁移性。目前市场上的各种加盟店，就是一种典型。需要注意的是，这种途径虽然门槛不高，但创业者在决定采用这种方式时，也要做好详细的市场调查和市场分析；否则，失败的风险较大。

案例导学

高三实习生首次创业——第一佳大鸡排

吴宁是某中职学校2014届高三实习班的学生,在实习期间他没有选择去企业就业,而是自己创业。因为吴宁认为自己爱好美食,且通过市场调查发现,和他年龄相仿的人都热衷于吃大鸡排、烤鸡,喝可乐等,于是他萌发了开一家专卖鸡排的店的想法,但是自己既不懂制作也不懂管理,该怎么办呢?

当他把这个想法告诉老师的时候,老师提议他可以去加盟某一个品牌,因为初次创业,启动资金有限,于是不能选择一线品牌,因为加盟费太高,超出了吴宁的承受范围。通过市场调查和分析,最后他选择了"第一佳"这个品牌。首先,加盟费没有超预算,其次,有一定的知名度,"第一佳"源于台湾地区,至今30余年长盛不衰。

有了加盟商提供的技术和管理等支持,吴宁的店铺很快就走上了正轨。通过加盟商的指导,他学到很多管理方面的知识,积累了很多宝贵的经验,从一个创业菜鸟进入老板行列。当同学们得知吴宁开店成功后,都十分佩服他。

课堂讨论

1. 如果让你加盟一个品牌,你感兴趣的方向有哪些?你是如何确定创业方向的?

2. 你觉得加盟前需要做哪些市场调查和准备?

3．创业有风险，对于吴宁的项目，你觉得风险该如何预防和控制？

（2）人有我优——改出来。

产品改进或优化是一种简单的也是最普遍的找创业项目的方法。因为任何产品都很难做到尽善尽美，大多数都需要不断改进优化，无数创业者就是通过改进或优化他人开发出来的产品而取得成功的。

改出来，就是对已有的产品进行升级改进，如对已有产品缺陷进行改进，对已有产品功能进行升级，或者是对已有服务进行优化，从而产生新的创业项目。改出来的关键在于发掘有价值的项目。具体来说，就是通过对已有产品进行研究，发现它的缺点，结合消费者的需要进行改进，然后形成新的创新点，从而研发出属于自己的产品，更好地满足消费者的需要。因此多学习，借鉴别人的经验，往往可以激发创新的灵感，进而发掘出新的创业项目。对于创业者而言，需要不断研究现有产品或项目中存在的问题，并能够提出解决方案。因此，当你想创业却不知如何开始的时候，可以试试这个思路，去寻找那些已有项目中存在的问题，把问题变成商机。

2019年中华职业教育创新创业大赛金奖——力高开胯器

2018年6月21号，舒老师和夏老师开设了《缺点列举法——以压胯器为例》的公开课，该课程将创新作品——传统压胯器引入课堂教学。这款压垮器是老师从某网站上采购的，在课堂上，通过教师示范、学生体验两个环节，同学们提出了很多改进意见。

其中2017级会计2班的周立信同学在课后还表现出了对这款产品的浓厚兴趣，并且提出学校学前教育专业的同学平时需要训练开胯，这款产品虽好，但还有很多可以改进的空间，比如解放双手和提高训练效果等。于是，他找来了志同道合的几位同学，通过查找资料、团队学习、请教老师等，研发出了第二代开胯器套装，并申请了专利。但是第二代产品还不能让消费者满意，为此团队成员继续努力，进行升级改进，并且申请了商标——力高，对产品进行了品牌化经营。

他们拿着第三代产品到舞蹈武术馆、学校、健身房宣传推广，功夫不负有心人，经过他们的不懈努力，力高开胯器终于在市场上有了一席之地，同时他们通过各种电商平台，不断扩大产品的知名度，还积极参加各类创新创业大赛，获得了2019年第三届中华职业教育创新创业大赛金奖，这是对他们团队一年半的辛劳与付出最好的回报。比赛虽然已经结束，但创新创业的脚步还在继续，现在他们团队又推出一个爆款产品——第四代粉色系开胯器。

课堂讨论

1．开胯器是周立信开发出来的吗？他的创新想法是如何诞生的？

2．创新不是申请一个专利就结束了，作为创业者应该怎么做？

3．力高开胯器为什么可以拿到国赛金奖，你觉得成功需要哪些因素？

（3）人无我有——生出来。

项目生出来，就是从无到有，创业者提出一个全新的想法，或者结合已有的经验研发出一个全新的产品，然后通过组合创造、移植发明法等，诞生一个全新的创业项目。"生"是前提，是基于对问题的思考，对于问题的解决，这些问题要么来源于自身的生

活体验，要么来源于他人的感受，要么来自市场的机会。这需要创业者刻意留心身边的环境，发现身边消费者的需要，需要创业者做个有心人，不断地学习、发现、总结和创新，以此来促进项目的诞生。

作为中职生，为了能够找到好的项目，必须在平时的学习、生活、实训、实践中，不断地去发现问题，思考问题，把问题视为创新的机会，别人没有解决的问题，你解决了，这就是创新，然后通过团队，合力把创新作品打造成热销商品，实现产品的商业价值，在解决问题的同时实现经济回报。

案例导学

碗装方便面的故事

在美国有这样一位家庭主妇，她的先生常上夜班，下夜班回来后她总要煮一些速食面给他吃，但是吃完后还要洗碗，很麻烦。后来，这位家庭主妇琢磨出一个懒办法：她把煮好的速食面分装在几个盛果汁的纸杯里给丈夫吃，吃后扔掉，特别省事。没想到，妻子有懒办法，丈夫也很善于发现。"好啊，这可以赚钱呀！"丈夫在深夜里对着妻子的"杰作"大叫起来。"纸杯装面"被丈夫联想到更重要的意义上去了。如果在纸杯装面的杯口上加一层塑料纸，不就成为吃方便面可以不洗碗的新商品了吗？他果真申请并得到了这项专利权。转眼之间，就有商家出钱买走了这项专利，只是把纸杯改成了纸碗，这样，吃完不用洗碗的碗装方便面就问世了，投入市场后大受消费者的欢迎。

课堂讨论

1. 碗装方便面是怎样成为一个好的创业项目的？

2. 为什么碗装方便面的发明者没有自己利用这项专利进行创业？

创业来源的四种思路

1. 根据问题去寻找商机

社会变化（包括政策变化，比如环保节能等理念、节约型社会、注重发扬传统文化等）；自身学习与工作中的问题（比如学生中午没有地方午休、食堂吃饭结账总出差错等）；其他人遇到的问题（比如别人过生日送什么礼物）。

2. 在社区内寻找商机

通过观察社区内的店铺，看看大家在做什么生意，他们的生意怎么样？服务情况如何？并想一想，有没有哪些自己可以尝试并做得更好的？

3. 根据人群特点寻找商机

比如小孩的商机（玩具、学习辅导、学习用品等）；老年人群的商机（托老、养老、老年用品、老年人心理健康咨询等）；女人的商机（美容、服装、健身等）；男人的商机（健身、服装、电子产品、汽车等）。

4. 根据时代特点发掘商机

比如现代人更注重品质生活，注重身体健康，喜欢购买绿色产品，讲究生活的时尚与科技感。

2. 自身有优势

根据个人自身优势找项目，就是想方设法，把自己的兴趣爱好、天赋特长、知识经验和资源人脉等优势挖掘出来，变自身优势为经济优势，以最大限度获取经济效益。这种创业思路的优点在于驾轻就熟，可以很好地把握创业机会。中职生相对来说缺少社会经历，根据自身的状况来寻找创业项目不失为一种好的办法。

（1）兴趣爱好。

创业过程往往也是实现人的爱好和梦想的过程。许多好的创业项目，是能够与自己的爱好、兴趣与事业紧密地结合在一起的。将兴趣爱好转化成创业的方向也是很多创业者会选择的路径。比如，盛大网络游戏的创始人陈天桥在读书时期就是一个网络游戏爱好者，在玩游戏期间发现了游戏市场巨大，于是萌发了创办网络游戏公司的想法。在陈

天桥看来，可以玩自己设计的游戏，是人生一大乐趣。比如有些同学喜欢服饰，毕业后就开了服装店；有些同学喜欢奶茶，毕业后开了奶茶店；有些同学喜欢化妆，毕业后开了化妆品店，等等。

案例导学

"黑手起家"

任柳是学建筑的，对美术设计特别感兴趣，每年夏天都会设计一些T恤衫，有的自己穿，有的送给朋友。

有一次，在一个博览会上，他发现了意大利生产的新型油墨，从此开始了"黑手起家"的创业。整天制版、调颜料、印刷、烘干，指甲上的颜料一年到头都洗不干净。

开始的几个月，任柳创作的都是极富视觉冲击力的图案，如猛兽、骷髅，销售得也不错。接着，他开始尝试制作女装，在服装上大胆运用具有现代感的色彩，还用了藏青、海蓝等中国传统色彩，效果特别好。控制印数是任柳的经营特色，每次顶多印几十件就把印版废掉，确保买了T恤的消费者不会"撞衫"。

课堂讨论

1. 任柳是什么专业毕业的？他的兴趣是什么？

2. 这个创业项目的特色有哪些？

3. 你有什么兴趣爱好？你觉得你能把自己的兴趣爱好转化成创业项目吗？

（2）天赋特长。

根据个人的天赋特长寻找项目，就是想方设法把自己的天赋特长挖掘出来，进而把它转变为创业优势。每个人都有自己的天赋，所以在有某天赋的方向发展起来就特别容易，做事就容易成功，就是具备了常人没有的优势。因为有优势，再加上持久的投入，天赋就变成了个人特长。

天赋特长是本人所具有的强项，是相较于他人的优秀与特别之处，但这些能够成为创业的项目吗？只要强大到一定的程度，优秀到不一般的程度，就没有什么是不可能实现的。

案例导学

专业验车

小成的朋友请他帮忙检验新车，他把自己发现的问题一一列了出来，为朋友节省了不少钱。事后，小成想：自己从职业高中汽修专业毕业后一直跟汽车打交道，又开过几年出租车，平时又喜欢研究汽车，可以算对汽车了如指掌。既然许多买车人对汽车销售商提供产品的质量心存疑虑，分不清哪种车可以放心购买，那自己为什么不把"验车"做成一项专门的服务呢？

于是，小成就与当地的交通电台合作做节目咨询，向收听节目的听众免费提供关于"购车知识"服务。几期节目之后，联系他的人不少，业务几乎忙不过来。按每辆车200～500元的收费标准，小成每个月的收入就达到一万元以上。

课堂讨论

1．你觉得小成为什么会选择验车项目？

2．请结合自己的特长想一想，有哪些可行的创业项目。

（3）知识经验。

成功需要知识。创业者在进行项目选择时就需要有对这个行业具备坚实的知识基础和专业素养。只有具备知识和经验的专业创业者才能看清各行业的发展态势，并把它们联系起来分析问题、判断问题、解决问题，才能顺利进军市场。

中职生通过专业学习，掌握了一技之长，就可以试着将专业技能和实践经验转化为创业的基础，实现创业的梦想。除了在学校学习，获得知识和经验外，同学们也可以通过其他途径进行学习和实践，完善自我，为创业打好基础。

案例导学

2013届园林班学生沈杰——根雕创意产品

2013届园林班学生沈杰依托学校与嵊州根雕文化协会的合作平台，借助两地根雕大师的技术支持，建立了专业根雕制作工厂，培养了一批熟练根雕学员，制作了大量有艺术价值且具备一定市场竞争力的根雕作品。目前，通过技能大师助力和优秀学员参与，沈杰正在积极开发适应时代需要的创新产品，将所学知识充分运用到创业实践中。

课堂讨论

1. 你觉得沈杰选定根雕项目的初衷是什么？

2. 如果想制作出具有创意的根雕产品，项目负责人需要组建一支怎样的创业团队？

（4）人脉资源。

在创业的过程中，除了发掘自身的潜力，往往还需要挖掘现存的隐蔽资源，将之改进、提升、完善、转换成为新项目。挖掘资源是项目产生的一个途径。可挖掘的资源大体可分为五类：自然的、文化的、历史的、风俗的和家庭的。创业者要学会发掘资源、寻找商机，从而开发出有价值的创业项目。

在创业资源中，创业者的人脉网络被称为"最重要的公司资源"，是产生创业项目的关键因素。在创业者和其网络成员交往中的碰撞经常成为新的创业项目的来源。创业者交际圈越大，信息的来源渠道就越多，就越能产生更多的创业想法和创业项目。中职生要主动参与各种社会实践活动，结交各种朋友，扩展交际圈，为自己储备人脉资源。当你开始进行创业策划时，就要与尽可能多的人交流自己的想法，并让他们及时知道你的创业进展情况。

2011届会计班学生史勇——House of love

史勇介绍创业经验时说："我们的项目是House of love，我的父亲开办了一个窗帘加工公司，主要业务是窗帘花边的制作和销售。这家公司生产的产品有三大系列：窗帘辅料系列、布艺沙发辅料系列、床上用品辅料系列。采用优质的人造丝、棉纱、丙纶丝等原料，机织和手工制作各种花边、穗带、彩绳、彩球、吊穗等高档工艺装饰品。其中，花边款式可以由客户亲自设计。当然，利润的主要来源还是以上系列产品的销售。"借助家庭资源，史勇开始了人生的第一次创业。

1. 史勇从自己的家庭条件出发，选择了创业项目，如果你也打算创业，你身边有哪些可用的资源？

2. 创业过程中，往往需要合作，你了解什么是技术入股吗？

知识链接

创业想法的途径——结构性头脑风暴法（以鱼产品为例）

创业想法的途径——结构性头脑风暴法（以鱼产品为例）如图 3-1 所示。

图 3-1 结构性头脑风暴法

（三）选择创业项目

选择创业项目时，我们需要掌握正确的方法和技巧，一般来说，要从创业者的专长和市场需要两个方面来考虑，见表 3-1。

表 3-1 创业者专长和市场需要分析表

从生产服务专长出发	从市场客户需要出发
我是美术专业学生，擅长画儿童画，而且可以租到合适的画室，所以我要开一间儿童画画室。我是烹饪专业学生，擅长制作蛋糕，也有烤制设备，因此我可以开一家蛋糕店。我是服装专业学生，会制作旗袍，而且可以买到缝纫机，所以我可以开一家服装加工企业	现在的家庭非常重视儿童兴趣培养，人们对儿童画的教学有较大的需要，因此我可以开一个儿童画室满足他们的需要。很多家庭需要买生日蛋糕，因此我要开一家生日蛋糕店来满足他们的需要。人们需要具有中国传统文化的服装，因此我可以开个服装加工企业满足他们的需要
从生产服务专长和社会客户需要出发	
现在的家庭非常重视儿童兴趣培养，人们对儿童画的教学有较大的需要；我擅长儿童画技能，而且可以租到合适的画室。因此，我可以开一个儿童画室满足人们的需要。很多家庭需要买生日蛋糕，我擅长做蛋糕。因此，我要开一家生日蛋糕店来满足他们的需要。人们需要具有中国传统文化的服装，我会做旗袍，也可以搞到制作的设备。因此，我可以开一家服装加工企业来满足他们的需要	

你应当沿着生产服务专长和市场客户两条途径选择自己的创业项目。如果你只是从自己的专长出发，却不知道市场中是否有客户，创业项目就可能失败。同样，如果

既没有技术来生产高质量的产品或提供优质的服务，也没有人来购买这些产品或服务，创业项目照样不会成功。因此说，只有既满足市场客户需要又懂行的创业项目才是可行的。学生在创业项目的选择时通常倾向于市场主导型创业项目与政府引导型创业项目。

课堂讨论

创业者专长及市场需要自测表见表 3-2。

表 3-2　创业者专长及市场需要自测表

从生产服务专长出发	从市场客户需要出发
我是＿＿专业学生，擅长＿＿，而且可以＿＿，所以我要＿＿。	现在＿＿＿＿，人们对＿＿＿有需要，因此我可以做＿＿来满足他们的需要

从生产服务专长和从社会客户需要出发

一个好的创业项目必须包含两个方面：一方面，需要有市场机会；另一方面，创业者具有利用这个机会的技能和资源。应当指出的是，面对创业这个难题，不排除"选"是一种项目的来源，但是相比之下，"生"无疑是最好的途径。

为什么有的创业项目做不起来？除了创业者的能力或者资源条件不足外，主要是因为项目本身缺乏必要的条件。各种经验告诉我们，那些多年前就已经"生"出来而存在的创业项目，靠的是创新、特色、独有的优势和具有生命力的内在"基因"。因此可以说，创业的本质就是创新。

案例导学

在校园里找到你的创业项目

小成在一所县城郊区的职业学校就读商贸专业二年级,这个学校有3 000多名住校生,还有200多名教职员工。学校实行严格的住校生管理制度,若没有特殊情况;学生一律不得出校园,通常每周回家一次,带回自己必需的用品。

开学不久,学校创业一条街开始招聘项目入驻,每个可行性项目经过学校评估以后,可以为其提供一个20平方米的门店,同时提供一些基本的设备。小成同学很想参与这个创业实践活动,但是不知道选择什么项目好。于是他决定先到校园及其周围商店和集市去看一看,了解一些信息,找到适合的创业项目,见表3-3。

表3-3 校园及其周围商业信息调查表

小成调查校园及其周围的商业信息			
校园周围		校园里面	
零售类企业	服务类企业	零售类企业	服务类企业
2个小商店 1家农贸市场 1个水果店	1个卫生所 2家固定餐馆 1家汽车修理铺 1个邮局 1家幼儿园 县城外卖业务很发达	1家校园超市	1家餐饮公司 1家家政公司

通过调查了解,小成对校园创业做出以下总体评价:学生每周的消费金额不多,主要支出是生活消费,还有少量的文化用品费和通信费。

课堂讨论

1. 小成应怎样才能找到一个好的创业项目呢?

2. 你对校园创业有什么想法?

二、创业项目的分析

（一）SWOT 分析

1. 什么是 SWOT 分析

SWOT 由 Strengths（优势）、Weaknesses（劣势）、Opportunities（机会）、Threats（威胁）四个英文单词的第一个字母组合而成，其分析流程如图 3-2 所示。

图 3-2　SWOT 分析流程

S——Strengths，优势，是指你的创业项目的长处。例如，你的产品比竞争对手的好、你的商店的位置非常有利、你的员工技术水平很高等。

W——Weaknesses，劣势，是指你的创业项目的弱点。例如你的产品比同一地区的竞争对手贵；你没有足够的资金按自己的愿望做广告；你无法像你的竞争对手那样提供综合性的系列服务等。

O——Opportunities，机会，是指周边地区存在的对创业项目有利的事情。例如，你想制作的产品越来越流行；附近没有和你类似的商店；网络越来越发达，你的产品可以营销到更远的地方等。

T——Threats，威胁，必须是立即且迫切影响我们生存的事情。例如，某个地区出现了生产同样产品的新企业，原材料价格上涨将导致你出售的商品价格提高等。

2. 如何建立 SWOT 分析模型

第一步：找到一个对手。SWOT 分析是基于对手的一个比较分析，因此，首先要找到一个可作为对手的创业项目或者企业，这个企业应该是比自己强，但是只强一级的竞争者。

第二步：建立一个矩阵对角线的分析法（见表 3-4）。

第三步：明确比较分析的主要内容。一般来说，企业内部环境分析采用 QCDMS 法，即通过五个方面进行比较分析，Q 是指品质（安全性、稳定性、可靠性）、C 是指成本/价格、D 是指产量/效率/交付能力/产品研发技术、M 是指人才/设备/物/方法/测量、S 是指销售/服务；企业外部环境分析主要采用 PEST 法和五力分析法，

PEST 分析法中的 P 是指政治/法律/政策、E 是指经济、S 是指社会文化/市场、T 是指技术（见图 3-3）；五力分析法中的五力分别是指潜在进入者的威胁、替代品的威胁、买方议价能力、供方议价能力以及现有竞争者。

表 3-4　九阳胶囊咖啡机与外购早餐饮品的 SWOT 分析

九阳胶囊咖啡机＼外购早餐饮品	优势 Strengths	劣势 Weaknesses	机会 Opportunities	威胁 Threats
威胁 Threats	方便、营养、健康、九阳背书			
机会 Opportunities		品质不稳定，机器＋饮品贵		
劣势 Weakness			时尚风潮、小米话题	
优势 Strengths				消费者不理解、接受度低

中职生可以利用 SWOT 分析法，总结个人创业的外部机遇和挑战，归纳个人自身优势和劣势。根据 SWOT 分析结果，按轻重缓急及影响程度做出优先排序，将那些对所选择创业项目有直接的、重要的、迫切的、久远的影响因素优先排列出来，而将那些间接的、次要的、不急的、短暂的影响因素排列在后面。同时，充分考量外部环境和个人条件，努力发挥自己的长处，避开自己的短处，趋利避害，化劣势为优势，化挑战为机遇。

知识链接

PEST 分析模型如图 3-3 所示。

图 3-3　PEST 分析模型

案例导学

2014年中职创业计划书"全自动宠物厕所"的SWOT分析

当时，全自动宠物厕所是国内首创，在宠物市场上一直是一片空白，其能够为家庭营造良好的环境，为宠物的主人带来方便（表3-5）。

表3-5 全自动宠物厕所SWOT分析

企业内部			
优势		劣势	
新发明的产品，在市场上独一无二	★	很多经营活动受到时间限制（学生）	★
产品的种类很多，都是专利产品	★	缺乏实战经验和企业管理知识	★
学校的支持和各专业老师的指导	★		
合计	3	合计	2
企业外部			
机会		威胁	
宠物狗的数量在日益庞大	★	创业初期，产品的成本还没降下来	★
越来越多人愿意为宠物买单	★	产品一旦上市，很容易被人模仿	★
当前的宠物行业属于朝阳行业	★		
合计	3	合计	2
分析比较			
优势比劣势多吗？		是☐	不是☐
机会比威胁多吗？		是☐	不是☐

针对以上SWOT分析,如果你是创业者,会采取哪些相应策略?请将其填入表3-6中。

表3-6 创业策略列举表

策略 1	
策略 2	
策略 3	
策略 4	
策略 5	
策略 6	

（二）环境影响评估

进行 SWOT 分析后，再对各影响因素进行评估，以确定它们的重要程度的目的就是制定环境变化时企业的对策。

1. 创业环境威胁评估及相应的对策

（1）企业对环境的分析。

企业环境分析是适时采取对策以避免不利环境对企业的危害的方法。企业可以通过环境威胁矩阵图加以分析。环境威胁矩阵中的横轴代表"出现威胁的可能性"，纵轴代表"潜在威胁的严重性"。Ⅰ是主要威胁，企业必须高度重视。Ⅱ、Ⅲ是次要威胁，企业也不能忽视。企业需要密切观察Ⅳ，看其有没有向其他区域发展的可能性，如图 3-4 所示。

图 3-4　企业不利环境分析

（2）企业的对策。

面对环境威胁，企业一般可采取如下策略：反抗策略，即企业通过努力尽量限制或扭转环境因素的不利影响；减轻策略，即通过调整市场营销组合来改善企业环境，以减轻环境威胁对企业的影响程度；转移策略，即当企业遇到不可逆转的威胁时，主动地将资金转移到其他有利的行业或市场上去。

2. 创业环境市场机会分析及相应的对策

（1）企业对市场机会的分析。

对市场机会的分析可以使企业准确地找到最有潜力和最有可能成功的机会，企业可以通过市场机会矩阵图加以分析。市场机会矩阵的横轴代表"成功的可能性"，纵轴代表"潜在的吸引力"。Ⅰ是企业必须重视的，Ⅱ、Ⅲ是企业不能忽视的。另外，企业需要密切观察Ⅳ的发展变化，以便及时采取对策，如图3-5所示。

图3-5 企业有利环境分析

（2）<u>企业的对策</u>。

面对市场机会，企业要慎重，要想到机会是公开的，要关注竞争对手的动向；要想到机会是有时限的，企业应及时做出反应；要想到与机会伴随的风险的大小；要想到抓住主要机会等。

一般情况下，营销环境都是机会与威胁并存。企业可以通过"威胁—机会"矩阵加以分析，横轴代表"威胁程度"，纵轴代表"机会大小"。根据威胁程度高低和机会大小的不同，形成四种不同类型的企业：Ⅰ表示冒险型企业，机会大，威胁程度高；Ⅱ表示困难型企业，机会小，威胁程度高；Ⅲ表示理想型企业，机会大，威胁程度低；Ⅳ表示成熟型企业，机会小，威胁程度低（图3-6）。

	威胁程度	
机会大小	Ⅰ冒险型企业	Ⅲ理想型企业
	Ⅱ困难型企业	Ⅳ成熟型企业

图3-6 环境威胁和市场机会分析矩阵

对于理想型业务，利益大于风险，企业必须抓住机遇，迅速行动，不可坐失良机；对于冒险型业务，利益与风险并存，企业应全面分析自身的优势与劣势，扬长避短，审慎决策，争取利益。对于成熟型业务，企业可维持常规业务，获取平均利润，同时还要为开展其他业务做好准备；对于困难型业务，必须想法扭转局面，改变环境或另谋出路，这样才能走出困境。

知识回顾

活动实践

活动一：（填一填）在社区里寻找你的创业机会并填入表 3-7 中。

表 3-7　创业机会列举

在社区里努力寻找你想要却又找不到的产品或服务。这里有几个例子可供参考。 ①社区里没有令人感到舒适的、可与朋友会面的休闲咖啡店。 ②社区里没有少儿活动中心

活动二：（写一写）请你从兴趣爱好、技能特长、知识经验和资源等方面，写一写你可以参与的创业项目名称，将其填入表 3-8 中。

表 3-8　创业项目自我评估表

创业者角度	创业项目
兴趣爱好	
天赋特长	
知识经验	
人脉资源	

活动三：（理一理）请通过查找资料和小组讨论的方式梳理预测一下未来几年的创业热点，要求写出 6 个，将其填入表 3-9 中。

表 3-9　创业热点列举表

序号	创业项目（2022—2024 年）	创业项目（2025—2029 年）
1		
2		
3		
4		
5		
6		

活动四：（搜一搜）在三胎政策背景下，请你上网搜索与查找资料，并整理出与儿童有关的创业项目，越多越好。

活动五：（练一练）运用结构性头脑风暴分析法（图3-7），以衣服为例，梳理一下创业点子。

图 3-7　结构性头脑风暴分析法

任务四　组建创业团队

学习目标

学完任务四的内容后，你应该能够：

※ 理解企业的含义；

※ 掌握企业人员的构成；

※ 知道创业团队管理中需要面临的问题；

※ 了解企业相关法律知识；

※ 学会运用法律知识保护企业并承担相应的企业责任。

案例导学

中职生创办服装工场　产品远销国内外

早在汕头纺织中专（现汕头纺织职业技术学校）读服装电脑设计专业的时候，杜怀聪、陈迪韩就是肯下功夫、悉心钻研的好学生。毕业后，两人怀揣梦想进入当地一家有名的童装企业工作，先从最基本的剪线头工做起，然后是车工、缝工……流水线上每个工种都体验过。每当下班拖着疲惫的身躯回到家里，陈迪韩不禁在妈妈面前眼泪汪汪，妈妈疼在心里，但仍鼓励女儿："要想自己在服装行业独立创业，必须熟悉一切流程，心中才有底气。"不久，她们被提升到设计部门。由于肯学习，思维也活跃，设计出来的服装总能走俏，越来越受到企业的重用，老板还许以年终分红的方式来留住她们，但是，杜怀聪、陈迪韩一直都没有放弃自我创业的梦想。2006年，她们双双从童装企业辞职，成立服装设计室，把设计作品寄到广州流花服装厂，希望借助展示来找到客户。

但是时间过去了很久,却没有人来找他们,创业迈出的第一步失败了。两位年轻人不甘心,在长辈的资助下,她们又开了"韩舍"服装店,一方面销售自己的设计作品,另一方面通过网络和亲戚朋友的介绍寻找客户。功夫不负有心人,终于有商家看中她们设计的款式,一下子就订了几万件服装。经过几年的拼搏,她们相继开办了自己的服装生产工场,实现了接单、设计、生产和销售一条龙。由于产品市场前景好,除销往国内各大城市外,还销往意大利、俄罗斯等国家。

(资料来源:http://www.texindex.com.cn/Articles/2008-5-4/141532.html)

课堂讨论

1. 你觉得案例中杜怀聪和陈迪韩开的服装店是属于企业吗?

2. 你知道的企业类型有哪些?

一、什么是企业

（一）企业的定义

企业是指以盈利为目的，运用各种生产要素（土地、劳动力、资本、技术和企业家才能等），向市场提供商品或服务，实行自主经营、自负盈亏、独立核算的法人或其他社会经济组织。企业是市场经济活动的主要参与者，在社会主义经济体制下，各种企业并存共同构成社会主义市场经济的微观基础。现代经济学理论认为，企业本质上是"一种资源配置的机制"，其能够实现整个社会经济资源的优化配置，降低整个社会的"交易成本"。

（二）企业的类型

若要把创业梦想变成现实，在一定条件基础上就要创办自己的企业。创办企业是创业过程中迈出实质性的第一步，这一步非常重要，是改变创业者生活方式和工作方式的起点。创业者创办的企业，根据经营方式不同，主要分为零售业、批发业、制造业和服务业四种类型。

1. 贸易企业

贸易企业从事商品的买卖活动，他们从制造商或批发商处购买商品，再把商品卖给消费者或其他企业。

随着互联网和大数据的发展，"新零售"这个词正在逐渐被大众所熟悉。新零售，就是企业以互联网为依托，通过运用大数据、人工智能等先进技术手段，对商品的生产、流通与销售环节进行升级改造，进而重塑业态结构与生态圈，实现线上服务、线下体验以及现代物流的深度融合。新零售模式本质上还是零售，它的创新体现在消费场景、消费平台的转变以及融入互联网技术和大数据，属于全渠道零售，它将线下营销和线上营销结合起来进行整合营销，消费者可以实现线下体验、线上消费。

2. 农林牧渔业企业

这类企业主要是利用土地或水域等自然资源进行生产、种植或饲养的产品多种多样，可能是种果树，也可能是家禽养殖等。

3. 制造企业

制造企业是指机械工业时代按照市场要求，通过制造过程将某种资源（物料、能源、设备、工具、资金、技术、信息和人力等）转化为可供人们使用和利用的大型工具、工业品与生活消费产品的企业。

4. 服务企业

服务企业不出售任何产品，也不制造产品。服务企业提供服务，或者提供劳务，如从事邮件快递、搬家服务、家政服务、法律咨询、技术培训等行业的企业都属于服务企业。

企业和公司有何区别

1. 独资企业与公司

独资企业是指由单独一人出资设立，由一人拥有和控制，并由一人承担无限责任的企业。独资企业与公司的财产关系不同，独资企业的财产由独资企业主所有，企业本身不享有所有权，而公司有自己独立的财产，它来源于股东的出资。股东出资之后，股东便不再享有该出资的所有权，而由公司享有该出资的所有权。

独资企业由独资企业主承担无限责任，即企业主应当以其个人的全部财产而不是仅以其投资与该企业的财产对债务负责，而公司对其债务以其拥有的资产独立承担责任，其股东只承担出资额范围内的有限责任。

2. 合伙与公司

合伙是指两人以上按合伙协议，各自出资，共同经营组成的营利性组织。合伙包括个人合伙与合伙企业两种。合伙的财产归全体合伙人共有，而公司的财产却并非股东共有的，而是由公司作为独立主体对财产享有所有权。在责任的承担上，合伙人对合伙债务承担连带无限责任，即当企业财产不足以清偿合伙债务时，合伙人须以各自所有的财产对其应分担的债务负责，而公司的股东对公司的债务承担的是有限责任。

（资料来源：https://wenda.so.com/q/1497466898212384?）

案例导学

李兴平与他的 4399 小游戏

许多"90后""00后"对4399小游戏网站应该很熟悉,比起这个网站,更能引起编者好奇心的是其创始人李兴平。李兴平只有初中学历,却在无背景、无资源的条件下连续创业成功,从普通人化身坐拥亿万身家的富豪,成为抓住时代机遇乘势而上的典型。

李兴平出生于广东省梅州兴宁市一个普通的农民家庭,因家庭贫困,李兴平小小年纪便辍学打工养家。20世纪90年代,国内互联网行业刚刚萌芽,新奇的网络世界让许多人成了"网瘾大军"中的一员,李兴平也不例外。当时,李兴平找了一份能整日接触到网络的工作——网管。

李兴平当网管时发现了人们上网时普遍存在的问题,即急缺一个包含海量网站,不需要搜索,一点就进的导航网站。李兴平当时发现这个创业好项目之后,自学编程半年,推出了后来大家耳熟能详的hao123上网导航网站。hao123收藏了成千上万个网站链接,让初来乍到的网民们轻松进入目标网站开始冲浪。2004年,百度以5 000万元+一些百度股份向李兴平买下了"hao123"。

后来,他继续将"hao123"的设计思路运用在下一个产品中——"4399"小游戏网站。"4399"几乎是hao123模式在游戏领域的复制,游戏种类全,对电脑的配置要求低。这一次李兴平尝试从更加细分的领域进入市场。2008年前后,得益于Web浏览器应用技术、Flash、Java等技术的成熟,网页游戏也逐渐普及。李兴平就看准了这个机会,专心制作小游戏。

短短几年时间,4399便拥有了4亿国内用户,一举成为网页游戏巨头网站。《摩尔庄园》《赛尔号》《黄金矿工》《火线精英》《七杀》《暗黑战神》……成了无数人学生时代的关键词。

这样一家小游戏网站,在2011年便实现净利润破亿元,2012年,"4399"营收突破10亿元。尽管出身平凡,但李兴平突破了背景和资源的限制,抓住时代的机会,打开了创业的成功之门。

(资料来源:http://www.xusseo.com/lvyouwang/15260.html)

课堂讨论

1. 你认为李兴平创业的4399小游戏网站属于哪种类型的企业？

2. 李兴平是怎样发现创业的好项目的？

二、创业团队的组建

随着大数据时代的到来，互联网所带来的信息化、全球化让社会分工越来越细，若仅靠个人单枪匹马地创业，则成功的概率越来越低。虽然不乏个人独立创业成功的案例，但相比之下，创业团队的创业成功率高很多，尤其对于中职生来说，创业团队创业更有优势。由于创业团队在创办新企业的过程中有着非常重要的作用，因此，组建团队创业成了当前中职生创业的主流模式。

（一）初创企业人员组成

创业者在创办企业时，必须了解企业人员构成及部门设置，结合企业实际，先制定

好企业的组织架构，确定企业组成部门，根据部门设置相应岗位，再根据岗位招聘相应的人才。小微企业成员一般由创业团队、企业顾问、企业员工三类人员组成。其中，创业团队的成员通常包括战略决策者、管理协调者、市场开拓者和技术研发者。

在一般的中小微企业中，总经理通常就是整个企业里职务最高的管理者与负责人，是创业团队中的战略决策者，即核心创业者。管理协调者的职责是建立团队中的各种规章制度，使创业团队成为有规则、有纪律和目标明确的团队，同时，其也会协调团队成员中的矛盾，从而确保团队成员的行动能够步调一致，共同前进。在企业组织架构中，管理协调者对应的岗位也可以是人事行政部门。

市场开拓者的职责是根据决策者制定的目标进行市场分解和定位，进行客户开发和维护。在企业组织架构中，市场开拓者对应的部门一般是市场销售部。

技术研发者的职责则是根据目标以及市场反馈的数据和信息，就符合创业企业发展目标和市场需要的产品和技术进行研发。在企业组织架构中，技术研发者对应的部门一般是技术部。财务管理者的职责是根据企业发展目标对企业资本的融通（即筹资管理）、现金的运营（即财务管理）、资本运作（即投资管理）及利润分配进行管理。

企业顾问一般是各行业专家，包括行业、专业协会会员，如会计师、银行信贷员、律师、咨询顾问和政府部门专家。企业顾问的各种咨询意见对所有创业团队都有意义。因为个人认知不可能囊括企业事务所有的方面。

企业员工需要遵守的工作职责，认同企业文化，忠于自己的企业，维护企业的利益与形象，认真最好本职工作，严格遵守企业的制度，不断提升自身的业务水平。

心灵咖啡店的团队

本项目管理核心团队由4名联合创始人组成，主要岗位设置为产品经理、物料经理、运营经理、心灵辅导项目总监。

产品经理主要负责产品的制作、更新、精细化等。该产品经理在参与本项目前曾有独立运营微信烘焙产品的经验，其营销策略曾很好地适应市场，取得了丰厚的利润；该产品经理本身曾赴上海某西点学校专修西点烘焙制作，具有较高的技术水平，并能组织培训，保持本项目产品的品质及创新性。

物料经理主要负责提供店铺所需要的全部物料，包括烘焙材料、咖啡原料、饮品材料等的组织调配、仓储、采购等。该物料经理曾为某连锁面包店物料总监，具有丰富的市场资源，对价格、物料品质敏感，能够为店铺提供最合理的采购计划及物料产品。

运营经理主要负责店铺整体运营调度，包括客户满意度、产品适应性、店铺装潢装饰修缮保养、员工招聘培训、客流量及营销方案设计等，与产品经理一起对产品及店铺负责，保证店铺的利润。该运营经理曾为某创业公司总经理，具备10年公司运营经验，能够保障本店铺建店初期的问题处理及运营后期的风险控制，是店铺的总负责人。

心灵辅导项目总监是国家二级心理咨询师，曾任某知名教育机构区域校长，具备12年教育及辅导经验，擅长心灵辅导，并掌握催眠术，能够独立并完善地执行本店铺心灵类产品。

(资料来源：树洞——心灵咖啡店商业计划书)

课堂讨论

1. 心灵咖啡创业团队的核心人物是哪几个岗位？为什么这样设置？

2. 简述这个团队的组织架构，并说明怎样才能避免联合创始人之间因为意见不一致而导致创业失败的情况出现？

知识链接

创业团队的选择标准

创业团队是由创业者组成的团队，一般由两个或两个以上的创业者组成，成员之间拥有统一的创业理念和价值追求并且愿意共同承担风险，收获利益。创业者是团队群龙之首，创业者的品质直接影响企业文化和企业的灵魂，创业团队则是整个企业的栋梁，创业团队优秀与否直接决定了企业的成败兴衰。创业团队领导者所具备的素质如图4-1所示。

图4-1　创业团队领导者所具备的素质

（1）团队成员的知识结构要合理。创业团队一般是由不同背景、不同技能、不同知识的人所组成的，他们有着共同的奋斗目标。团队成员的知识结构越合理，越能够得到市场的青睐，创业成功率就越大。由单一技术人员组成的创业团队容易过度迷恋技术本身，忽略产品市场需要；而由单一销售人才组成的创业团队容易缺乏对产品的创新研发。团队成员知识结构的单一性容易导致企业获取信息滞后和资源配置不足等问题而导致创业失败。

（2）拥有一个卓越的核心领导者。某创业成功人士曾经说过，领军人物好比是阿拉伯数字中的1，有了这个1，带上一个0就是10，带上两个0就是100，带上三个0就是1 000。卓越的核心领导者是创业团队走向创业成功的基础。成功的创业团队必然有一位卓越的核心领导者，他们身上有着共同的优秀品质，这也是创业团队核心领导者应该具备的良好素质。

创业团队领导者需要胸怀理想，在团队中扮演"造梦师"的角色，给团队一个共同的、能够实现的梦想，指引着团队成员向着这个理想共同努力奋斗。同时，这个人也要有超凡的学习能力，乐于学习，勇于创新，这样才能与时俱进。创业团队领导者需要有足够的聪明才智去完成领导工作和胜任职务。如果创业团队领导者德才兼备，则更能产生极大的团队影响力，得到团队成员的信赖与钦佩，这样才能更好地激发团队成员的工作热情。他还需要足够强的执行力，确保团队的及时运转。另外，创业团队领导者还要有坚忍的毅力和不惧失败的勇气，在体能和精神高强度的工作压力下，面对企业发展困境时能有永不言败、永不放弃的执着精神。创业团队领导者更要有较强的社交能力，他的社会能力能够处理团队成员之间的分歧、隔阂，能及时融洽团队关系，增强团队的凝聚力。

（本段摘自《创业团队管理实战》）

（二）创业团队组建原则

创业团队可以是几个创业者一拍即合自然组成，也可以是由一个创业者根据实际需要，主动寻找合伙人组成。较常见的组建方式是，先由一个创始人单独或两个联合创始人合作创业，再有其他合伙人陆续加入，最终组成创业团队。大量证据表明，组建一个优秀的创业团队应遵循以下原则。

1. 目标明确、一致原则

树立共同的愿景和目标，是打造高效团队的基础。由于需要不同、动机不同、价值观不同、地位不同、看问题的角度不同，员工对企业的愿景和目标的认识有着很大的区别。要使团队高效运转，就必须树立一个共同的愿景和目标，让全体员工知道"我们要完成什么""我们能得到什么"。明确、一致的目标能够为团队成员指明方向，激励团队成员为共同的企业梦想努力奋斗。

2. 精简高效原则

在创业初期，企业资本往往不够雄厚，因此，在保证企业能高效运作的前提下，应尽量精简团队成员数量，减少成本，使企业获得最大的收益。

3. 动态开放原则

创新创业过程充满了不确定性，创业团队中可能因为能力、观念等原因不断而有人离开，同时也有人要求加入，因此，在组建创业团队时，应坚持团队的动态性和开放性，把最适合团队需要的人吸收进来。

三、创业团队管理

每个人都是独特的个体，他们的思想、个性都不一样，因此，团队中的任何个人在合作过程中相互之间产生分歧、矛盾甚至冲突等问题都是难免的。除了团队内部问题，创业团队在企业发展中还可能受到外界环境冲击，导致团队解体。只有有效的团队管理才能使创业团队保持凝聚力和士气。

（一）明确创业团队的共同目标

在当今的市场环境中，信息纷乱复杂、企业环境变幻无常，目标导向对于团队而言意义重大，特别是对于创业团队而言，迫切需要一个共同的奋斗目标来指引团队成员前进。团队领导人需要根据市场需要、团队战斗力等情况实事求是，设立团队总目标并争取达成团队共识。团队总目标经过精细化、具体化，分为小组目标、个人目标。此后，团队管理者要对目标进行考核评估完善，形成反馈，作为下一轮目标设立的依据。同时，引入激励机制，使团队保持长期奋斗的动力，推动其发展壮大。

（二）培养创业团队文化

创业团队文化是创业团队在发展过程中形成的工作方式、思维习惯和行为准则。它包含了团队的价值观、最高目标、行为准则、管理制度和道德风尚等内容。健康的团队文化对创业团队有巨大的导向作用和良好的规范作用。创业团队领导人应在团队中建立和宣传相互协作的团队文化，建立良好的沟通协调机制、可控的授权机制和集体决策制度，以提高团队的综合能力。

（三）建立有效的激励制度

1. 经济利益的激励

建立良好的薪酬体系，能让团队成员在保障基本生活需要的基础上安心工作。薪酬体系通常由岗位绩效、补贴、奖金和福利四部分组成。在岗位绩效上，创业团队要设置合理的绩效考核指标，确保团队成员能被公平对待，实现多劳多得，从而提高成员的工作积极性。创业团队还可以将新创企业的期权作为经济利益激励的一项重要内容来实施，把传统的以报酬为代表的短期经济激励和以期权为代表的长期经济激励结合起来，体现人力资源的价值。此外，还要建立鼓励团队合作的奖励机制。将团队成员的一部分报酬（尤其是浮动薪酬）与创新创业团队成果有机地结合起来。只有创业团队达成既定目标，个人才能得到这部分浮动薪酬，以此鼓励团队成员协同作战，将个人利益与团队利益有机地结合在一起，为实现创业团队的共同目标而努力。

2. 自我超越的激励

根据马斯洛需要层次理论，人的需要从低层次到高层次可以分生理需要、安全需要、爱和归属需要、尊重和自我实现需要五个层次。当创业团队成员的经济利益需要得到满足时，他们更注重获取尊重和自我实现，主要途径是通过获取更高权力和地位来满足。创业团队可以为团队成员提供广阔的发展空间来激励团队成员，如为团队成员提供更多的培训和教育机会，提供明确的晋升渠道和更多的轮岗、换岗机会等，从而满足团队成员的自我超越需要。

案例导学

红孩子的"CEO+3"管理格局

2004年,徐沛欣、李阳、杨涛和马建阳一起创办了苏宁红孩子商城(图4-3),形成了"CEO+3"的管理格局,四个人性格互补,组成了红孩子团队的核心,其协同作战能力也成为风险投资人看重的一个方面。从2006年开始,徐沛欣的话语权在引入多轮融资后逐步增强,红孩子创始人之间的矛盾开始萌发。此时,李阳、徐沛欣的战略分歧也日益凸显。是继续专注于母婴用品,还是引入化妆品、3C等品类做综合B2C?李阳坚持前者,而徐沛欣则坚持后者。

图4-2 苏宁红孩子商城官网首页

在二人矛盾无法调和后,风险投资人支持徐沛欣,杨涛也选择站在徐沛欣一边,董事会决定让李阳离开。另外两位创始人也因为内部原因而离开后,创始人团队只剩下被认为代表资本意志的徐沛欣。2012年9月,苏宁宣布以6 600万美元收购红孩子。

(资料来源:http://www.yidianzixun.com/article/0Kg7xE6u)

课堂讨论

1. 请你写出以上案例中的创业团队管理存在哪些问题,并将其产生原因填入

表 4-1 中。

表 4-1 创业团队管理存在的问题

存在的问题	原因

2．如果你是徐沛欣，将会如何化解企业危机？

知识回顾

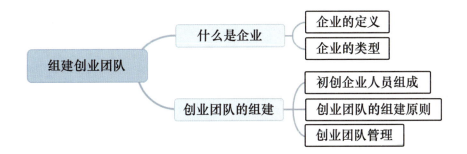

活动实践

活动一：（试一试）组建团队实践活动。

1．破冰游戏：找到你的团队成员。组建规则：自由组合，每个团队 5～8 人，组长 1 人。每位同学在自己的纸上写上最符合自身特征的词语（如出生地、年龄、性别、兴趣爱好、性格特点、特长等）。每位同学通过随机交流，在全班范围内找到与自己

有 5 个共同特征的人，并且写下他们的名字。每位同学统计出自己认为最理想的队友姓名，并及时沟通了解其意向。

有意向的同学可以根据创业团队组建知识组成团队并推选出一名组长，然后汇报给老师。

2．为各小组制定团队契约。

3．为各小组确定团队口号和团队标志。

活动二：（填一填）从本书中查找有关中职生创业的企业信息（5家），并按照要求填入表 4-2 中。

表 4-2　企业信息登记表

企业名称	企业类型	团队角色分工

学会创业策略 任务五

学习目标

学习完任务五的内容后,你应该能够:

※ 理解企业名称的构成;

※ 学会为自己的企业拟定合适的名称;

※ 学会为自己的企业选择合适的法律形态;

※ 了解商业模式的组成要素;

※ 了解"互联网+"时代主流的商业模式类型;

※ 学会运用网络营销4C策略进行创业项目分析。

案例导学

老字号故事——"张小泉"剪刀

刀剪行业中自古就流传着"南有张小泉,中有曹正兴,北有王麻子"的说法。"张小泉"在明崇祯元年创立,先于曹正兴和王麻子。近400年来,它已经成为国人心中根深蒂固的中华老字号剪刀品牌,在智能化不断改变我们生活的同时,剪刀这种小物件在人们的生活中依然必不可少,多年来依然保持着一年卖出4 000多万把的佳绩,而且名气越来越大、品类越做越多。

72道工序,用不烂的剪刀。张小泉剪刀历经近400年而长盛不衰,最主要的原因是它真的好用、耐用。在一次剪刀评比赛会上,考官将40层薄布叠在一起,用各种剪刀试剪,唯独张小泉剪刀张开利嘴,咔嚓一声,一次剪断,连剪数次,次次成功,检查

刃口，锋利如故，为其他剪刀望尘莫及。最早的张小泉剪刀都是人工打造的，一把纯手工磨制的小剪刀，光是制造工序就有72道，选料讲究。2006年5月20日，经国务院批准，"张小泉"剪刀锻制技艺列入第一批国家级非物质文化遗产名录。

花样百出，与时俱进。为了更适应时代需要，如今的张小泉不仅在外形上求新求变，更随着时代的发展不断开拓新的品种，以满足不同的消费需要。到目前为止，张小泉已拥有30个类别、700余种规格的产品规模，开始从刀剪制造向现代生活五金制造转型。不仅在国内各地开设精品店、在东南亚等地开拓华人市场，还拥抱了"互联网+"，拓展了线上销售渠道。"张小泉"在传承剪刀锻制技艺的同时，也在不断地求"变"，这或许正是其近400年不倒的原因所在。

（资料来源：http://k.sina.com.cn/article_1914880192_7222c0c002000jrw8.html）

课堂讨论

1. 一把国民剪刀延续近400年的辉煌，你觉得"张小泉"是靠什么获得成功的？

2. "张小泉"剪刀的故事对你有哪些启发？它的哪些精神值得我们学习？

一、选择企业的法律形态

企业创立初期需根据项目特点、创业者情况以及创业资金等来确定适合自身的法律形态。选择适合的法律形态，不仅有利于企业的不断发展，而且还能规避一些风险，从而降低成本，提高效益，实现可持续发展。

（一）拟定企业名称

企业名称由行政区划、字号、行业和组织形式依次构成。字号是企业名称的重要组成部分，字号也用于企业的简称。比如上述案例中的张小泉其实就是企业的字号，因为历史悠久，人们也常常会称之为老字号。再比如大众所熟知的娃哈哈、农夫山泉、康师傅、京东、拼多多等都是字号。这些知名企业的字号有着无形的品牌影响力，所以创业者在设计字号时需要多花点时间和精力。

字号由 2 个以上符合国家规范的汉字组成，字号其中不得含有行政区划用语，不得含有行业用语，不得含有组织形式用语。

【学一学】 企业名称——杭州曼京科技有限公司

企业名称拟定流程如图 5-1 所示。

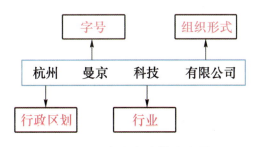

图 5-1　企业名称拟定流程

行政区划：杭州（即公司注册时的所在地）。

字号：曼京（曼妙生活，曼京科技，代表着企业的文化和寓意，也蕴含着企业未来的发展目标）。

行业：科技（是指企业所从事的具体行业，科技推广和应用服务业）。

组织形式：有限公司（是指企业的法律形态）。

【填一填】 企业名称——杭州小拇指汽车维修科技股份有限公司

企业名称拟定流程见表 5-1。

表 5-1 企业名称——杭州小拇指汽车维修科技股份有限公司

行政区划	
字号	
行业	
组织形式	

企业名称确定的注意事项

（1）企业名称具有唯一性，即一个企业只能使用一个名称。在企业的营业执照上也只能出现一个名称。

（2）企业名称具有原创性，即在登记主管机关辖区内不得与已登记注册的同行业企业名称相同或者近似。所以在进行企业名称登记时，需要多设计一些名称，并对名称进行检验，确保名称的合理性与合法性。

（3）企业名称中的行业表述应反映企业经济活动性质，所属经济行业或者企业经营特点。

（4）企业应根据法律形态，在企业名称中体现出组织形式（如有限责任公司、股份有限公司等）。

（5）企业名称经核准登记注册后，无特殊原因在一年内不得申请变更。在特定情况下，企业名称可以随企业或者企业的一部分一并转让（比如企业并购等）。

（6）企业的印章、银行账户、牌匾、信笺所使用的名称应当与登记注册的企业名称相同。从事商业、公共饮食、服务等行业的企业名称牌匾可适当简化，但应当报登记主管机关备案。

（二）选择企业地址

注册企业时不仅要确定好企业名称，还要提供经营场所地址，即创业地址。对于新企业而言，创业地址要综合企业特点以及企业资金等因素进行合理选择，切不可盲目选择高档办公区，必须深思熟虑。

案例导学

选址是硬伤——小托西式快餐

中职生王某毕业于一所技工学校，所学专业为西点制作，他觉得现在越来越流行吃西餐，高中毕业后，由于这是自己的兴趣爱好和特长，还获得家人的支持，他计划加盟一家西式快餐店。

经过一番筹备，2019年2月，王某的小托西式快餐店开业了，他把店铺地址选在了中小学附近，但是经营不到半年，资金周转就出现了问题，加上店面难以转让，导致血本无归。王某的第一次创业以失败告终。

课堂讨论

1. 为什么王某会创业失败？你觉得他的店选址合理吗？

2. 如果让你开一家西式快餐店，店铺选址时你会考虑哪些因素？你觉得哪些地段更适合开西式快餐店呢？

（三）选择法律形态

1. 企业法律形态

通过调查发现，中职生由于受到创业时间、创业经验以及创业资金和技术等因素的影响，大多选择以创办小微企业为主。目前，在我国企业的众多法律形态中，适合小微企业法律形态的有个体工商户（非法人企业）、个人独资企业（非法人企业）、合伙企业（非法人企业）、有限责任公司（法人企业），见表5-2～表5-5。

表5-2　个体工商户（非法人企业）

业主数量和注册资本	成立条件	经营特许	利润分配和债务责任
业主是一个人或家庭 人数上没有过多限制 注册资本无数量限制	有相应的经营场所 有相应的经营资金 有字号	资产属于自己所有 决策不受他人制约 业主既是所有者，又是劳动者和管理者	利润归个人或家庭所有 由个人经营的，以个人资产对企业债务承担无限责任 由家庭经营的，以家庭资产对企业债务承担无限责任 相应的风险较大

表5-3　个人独资企业（非法人企业）

业主数量和注册资本	成立条件	经营特许	利润分配和债务责任
业主是一个人 注册资本无数量限制	投资是一个自然人 有合法的企业名称 有投资人申报的出资 有固定的生产经营场所 有必要的生产经营条件 有必要的从业人员 有字号	资产为投资者个人所有 业主既是投资者，又是经营管理者	利润归个人所有 投资人以及个人资产对企业债务承担无限责任 相应的风险较大

表5-4　合伙企业（非法人企业）

业主数量和注册资本	成立条件	经营特许	利润分配和债务责任
业主两个或两个以上 注册资本无数量限制	有两个以上的合伙人，并且都依法承担无限责任 有书面合伙协议和实际出资 有合伙企业的名称，经营场所以及合伙的必要条件	依照合伙协议，共同出资，共同经营，共享利益，共担风险	合伙人按照合伙协议分配利润，并共同对企业债务承担无限连带责任，责任较重

70

表 5-5 有限责任公司（法人企业）

业主数量和注册资本	成立条件	经营特许	利润分配和债务责任
由 2 个以上 50 个以下数量的股东共同出资 以经营或商品批发为主的 50 万元，以商业零售为主的 30 万元，科技、开发、咨询服务性公司为 10 万元，以 1 人注册的为 3 万元	股东符合法定人数 股东出资达到法定资本最低限额 股东共同制定公司章程 有公司名称并建立相应的组织机构 有固定的生产经营场所和必要的生产经营条件	设立股东会、董事会和监事会 由董事会聘请职业经理人管理经营公司业务	按出资比例分配利润 以出资比例为准承担有限责任

2. 企业法律形态的特点

企业法律形态特点如下：

（1）业主数量和注册资本。

（2）成立条件。

（3）经营特许。

（4）利润分配和债务责任。

案例导学

网上卖菜那些事

2014 年毕业后，张昕筹办了学校里的第一间设计工作室，成员都是他的高中同学，大家都爱好计算机，且在这方面有一定的专长。当时的设计工作室主要负责帮企业制作官方网站。

2017 年 10 月，团队成员的思维碰撞后，张昕想在"网上超市"进行尝试。张昕通过市场调查发现，当时电子商务网站涉及农产品的还很少，于是他投资 30 万元，在安远路开了一间 180 平方米的"绿悠悠"农产品专卖店并将其定位在"有机蔬菜"领域，目标消费者是上班族。

　　为了宣传推广，张昕进一步策划包装打造成为有故事的产品，将店里几十种商品一一归类，从网上搜集了从产地到用途等的各种信息，并教消费者怎样从颜色、大小、形状等细节分辨农产品的好坏，把一些有机农作物和各项身体健康指标"对号"，比如黑木耳吃了可以软化血管等。

　　自从给商品赋予故事后，网上的消费者对产品的认知度更高了，现在月销售额已经突破40万元。

（资料来源：http://chuangye.yjbys.com/gushi/anli/546167.html）

课堂讨论

1. 你觉得张昕创业成功的关键因素有哪些？

2. 你知道张昕的企业适合哪种法律形态吗？

3. 想一想：小王是一名中职生，为了创业，他已经筹到创业资金2万元，但是由于处于创业初期，他不想雇佣员工，希望由自己的家人来从事必要的企业生产经营活动，哪种企业法律形态适合他呢？

3. 选择适合的企业法律形态

选择企业法律形态时要考虑的主要因素有：

（1）准备创办企业的规模。

（2）创办企业的资金。

（3）创业者对企业的掌控能力要求。

（4）企业经营风险。

（5）创业者能够承担风险的能力。

（6）企业税赋的问题。

（7）企业的业务特点。

（8）个人投资还是与他人合作投资。

（9）创业者的价值观念。

5 人公司小老板

毕业于上海某学校的郑震在家人、老师的支持和帮助下，贷款成立了一家金属材料股份有限公司，专门从事钢材批发和销售。

创业初期，加上郑震，公司只有 5 名员工。由于缺少管理经验，郑震在运营管理过程中屡屡受挫，经常有货源但接不到订单，好不容易接到订单，却又找不到货源。

为此，郑震感受到前所未有的压力，几次有了打退堂鼓的想法。几经犹豫，郑震还是选择了坚持，在公司全体成员的共同努力下，业务逐渐走上正轨……目前，公司的钢材批发和销售经营区域已由原来的无锡市拓展到江苏省各地级城市，业务量不断增加，员工已增加到 10 名，公司也开始盈利了。

（资料来源：http：//chuangye.yjbys.com/gushi/anli/546167.html）

课堂讨论

在经营过程中，为了使企业持续发展，作为负责人，除选择适合的法律形态外，还需要考虑哪些因素？

知识链接

选择企业法律形态的五个主要因素

创业者选择企业的法律形态时，除要考虑形态的特点之外，还要考虑企业的规模、行业类型和发展前景、业主或投资者数量、创业资金的多少、创业者的理念（倾向于个人决策还是协商合作）等因素，见表5-6。

表5-6 选择企业法律形态考虑的五个主要因素

企业因素	因素状态	企业法律形态			
		个体工商户	个人独资企业	合伙企业	有限责任公司
企业规模	中型			√	√
	小型	√	√		
	微小型	√			
发展前景	好		√	√	√
	一般	√	√		
	不清	√	√		
业主（投资者）数量	多人			√	√
	二人			√	√
	一人	√	√		
创业资金	多		√		√
	少	√		√	
	不足	√			
创业者理念	协商合作			√	√
	个人决策	√	√		

二、选择企业营销策略

1. 商业模式的组成要素

商业模式就是公司通过什么途径或方式来盈利。比如，奶粉公司通过卖奶粉盈利，快递公司通过送快递盈利，科技公司通过点击率盈利，通信公司通过收取通信费盈利，超市通过平台和仓储盈利，等等。

商业模式从传统走向现代已经经历了三个阶段：第一阶段，商业模式画布阶段；第二阶段，三重体验商业模式；第三阶段，移动互联网商业模式。其中，三重体验商业模式主要包含内部资源能力、外部合作生态、价值创造、收益获取四个要素。主要解决两个问题：第一，企业怎么通过内部资源能力吸引外部合作生态，为用户创造价值。企业要告诉团队成员，每个人到底要做什么，然后通过何种方式去创造客户需要的体验。第二，企业怎么通过内部资源能力去吸引外部合作生态，为企业获取收益。企业要告诉团队成员，每个人的收益获取，从而强化并维持这种合作生态，实现企业的可持续发展。

通过分析可知，"价值创造"是整个商业模式得以构建的基础。

如何把握这个关键因素呢？我们借鉴"三重产品体验模型"理论来进行分析，即有用、有爱、有趣。

（1）有用，就是产品的功能出色，比如买一台平板电脑，只有功能好，客户才会选择它。

（2）有爱，就是消费者认可你的价值观，从而认可你的产品。

（3）有趣，产品一定要有趣。因为云端是资源的集合，所以先通过终端释放无限的功能，再借助云端，让产品变得更有趣。

饼干模具——2019年杭州市二等奖作品

偶然一次家庭聚会，就读在富阳学院的王同学发现使用家用饼干模具制作饼干的成

功率并不高,且模具使用时易变形、不够美观、易磕破手、不易清洗、制作烦琐。于是,王同学萌发了设计新模具的想法,在老师、同学及家人的帮助支持下,研制成功。

这款饼干模具由模具与压料手柄组成,主要优点表现在：①放料轻松,有效利用食材;②独特设计,饼干更易成型;③操作简单方便,制作成功率大;④采用食品级ABS材料,更健康环保。2019年7月至2020年1月,该模具累积销售4 678套,获得净利润约22万元。

课堂讨论

饼干磨具使用教程

1. 你觉得饼干模具是如何体现产品"有用"的功能特色的？

2. 如果产品要进行直播推广,那么如何去寻找产品的粉丝群体呢？（小组讨论）

2. "互联网+"背景下的五大商业模式

（1）工具＋社群＋电商／微商的混合模式。

互联网改变了人们的信息交流方式,使信息交流不受时间和空间的限制,变得越来越便捷。兴趣爱好相同的人更容易聚在一起形成社群,通过互联网可以把这些人的分散需要聚拢在一个平台上,从而形成新的共同需要。如微信最开始只是一个社交工具,通过社交需要筛选自己感兴趣的朋友,或者是有需要的目标客户;后来开发者为其加入了朋友圈点赞、评论、转发的功能,在云端就可以了解朋友或目标客户的动态;紧接着又添加微信支付、购物、手机充值、城市服务、小程序等商业功能。因此，借助微信平台，一种新的商业运营模式（即微商）应运而生，如图 5-2 所示。

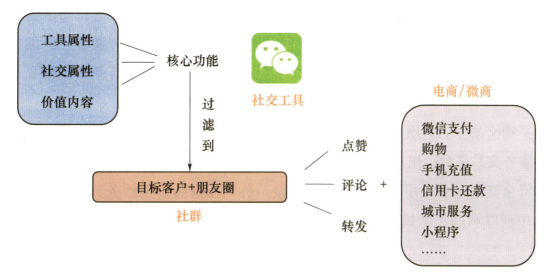

图 5-2　微商运营模式

（2）线上虚拟与线下实体相融合的商业模式。

线上虚拟与线下实体相隔合的商业模式即 O2O（Online to Offine）。狭义的 O2O 商业模式就是线上交易、线下体验消费的商务模式。广义的 O2O 商业模式，就是将互联网思维与传统产业相融合，基于平等、开放、互动、迭代、共享等互联网思维，将线上和线下两个渠道的优势无缝对接，充分发挥线上的优势（品类丰富，且不受时间、空间和货架规模的限制）和线下的优势（商品看得见摸得着，且即时可得），让消费者可以实现全渠道购物，如图 5-3 所示。

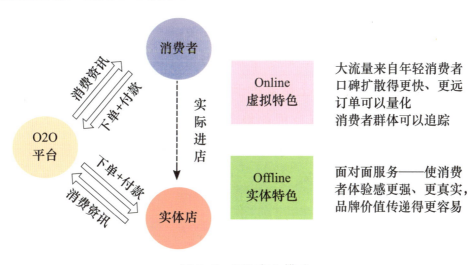

图 5-3　O2O 商业模式

（3）平台商业模式。

随着"互联网+金融""互联网+交通""互联网+医疗"等行业不断转型发展，让平台商业模式应运而生。互联网平台的基础是大规模的用户，这就要求必须以更好地满足用户需要为导向。平台作为中间桥梁，连通了商家与消费者，既能满足消费者多元化的需要，又能重构商家的生态产业布局。目前平台商业模式主要有三种类型。

①实物交易平台：用户在平台进行交易，平台提供服务，比如淘宝、拼多多等。

②服务交易平台：用户在平台上提供和接受服务，如美团外卖等。

③资金交易平台：用户为平台提供资金，你利用这些资金服务其他需要资金的用户，从中获取利润，比如P2P模式的网络借贷平台、众筹模式的网络投资平台等互联网金融。

（4）跨界商业模式。

案例导学

肯德基+美妆+图书馆

"食物强我身体，书籍造我灵魂。"

肯德基继跨界，在推出辣味和黑胡椒味的"吮指指甲油"以及"炸鸡味的防晒霜"等美妆产品后，又携手玛丽黛佳推出了跨界彩妆限量礼盒，其中包括酷钥匙扣+粉酷草莓花筒包+3张KFC冰激凌券+3支粉酷唇膏mini装。

同时，肯德基还跨界文创领域，联手浙江图书馆开设阅读主题店"浙江图书馆肯德基自助分馆"。在店铺的外围玻璃上贴着关于知识的标语，相当醒目。

走到餐厅二楼的阅读区，楼梯空间的墙上挂着浙江图书馆的历史介绍图片，二楼区域整体设计成阅读室风格，墙壁上安装了书架，共放置了2 010册图书，而且种类繁多，包括儿童读物、各种小说等。其中，儿童读物放置在了便于儿童拿取的低矮书架上。

（资料来源：http://www.17emarketing.com/html/dongtai/qushiredian/2018/0807/8229.html）

互联网的快速发展，使原本不相干的领域可以迅速且紧密地联系在一起，通常称之为"跨界"。如今的跨界商业模式大致可以分为以下三种模式：

①以两种经典品牌合作推出新品牌形式呈现的产品跨界。

②以渠道优势资源置换方式呈现的渠道跨界。

③以软植入文化方式呈现的文化跨界。

（5）"免费"商业模式。

最具颠覆性的商业模式——"免费"

360杀毒软件颠覆了传统，把过去人们要花几百元才能买到的杀毒软件，做成了免费的，那360杀毒软件又是怎样赚钱的呢？免费确实不能带来收益，但是却给360带来了无数用户，从360杀毒软件到安全卫士，再到浏览器，都为用户创造了价值。后来，360在浏览器上开发出了自己的商业模式，通过浏览器可以构筑搜索、导航、网页游戏等业务，从而实现了流量变现。

（资料来源：http://www.woshipm.com/it/337457.html）

"免费"商业模式就是一种免费提供服务再收费的商业模式，就算是广告支持也可以，先免费借助口碑传播有效地获得大量用户，然后再向用户收取增值附加服务费用或增值附加服务的增强版费用。

在互联网时代，流量在哪里，生意就可以做到哪里，比如很多企业在做直播的时候推出免费送产品活动也是同样的道理，其目的是吸引消费者进入直播间，消费者进入直播间后，选择消费就是迟早的事了。

新零售经济背景下的四大商业模式

所谓新零售，是指企业以互联网为依托，通过运用大数据、人工智能等先进技术手段并运用心理学知识，对商品的生产、流通与销售过程进行升级改造，进而重塑业态结构与生态圈，并对线上服务、线下体验以及现代物流进行深度融合。目前，新零售主要分为四种模式，见表5-7。

表5-7 新零售经济背景下的四大商业模式

模式	特征	典型代表App
网站商业模式	区域内的多个商家加盟网站，可称为C2C商业模式	京东到家、饿了么、美团外卖
前置仓商业模式	前置仓，是将仓库（配送中心）从城市远郊的物流中心前移到离消费者更近、更快送达的地方或社区中心。例如，大型电商下单后配送时间最快为4小时左右，而前置仓则将配送时间压缩到0.5～2.0小时	每日优鲜、叮咚买菜
单店赋能商业模式	利用App直接进入某个实体店的线上商店，而不是先选实体店后再选商品	永辉生活、多点、大润发优鲜
新业态便利店式	新业态便利店是线上与线下结合，线下为线上引流，降低引流投入，线下成为线上的体验店，提高转化率和复购率，线上和线下双渠道一起提高周转速度和效率	盒马鲜生全新业态Pick'n Go便利店

3. 选择商业模式

选择应根据以下3个原则进行商业模式。

（1）**商业模式与资源匹配度。**

互联网时代的平台企业需要在系统、数据和流量的增长上持续投入。

（2）**设立进入壁垒。**

商业模式的设计要考虑后续竞争的核心壁垒，在互联网时代，人们都强调多维竞争，这意味着不论技术、金融、合作伙伴还是用户服务，创业团队都要构建起自己的护城河。

（3）**融合产业与互联网。**

在互联网和产业的竞争中，产业与互联网最终将走向融合，传统产业需要学会互联网思维，互联网团队也要产业化，交互相长。

一家快倒闭茶馆的逆袭

首先，茶馆老板结合地理位置分析了自己的潜在客户群体。这家茶馆位于一座商城的2层，商城周围有4座写字楼。所以茶馆的潜在客户就是附近写字楼和商城的高管、老板等。它的潜在客户群体属于中高端消费人群，消费潜力大。

那么为什么之前茶馆生意不好呢？因为很少有人知道这家店。所以茶馆老板第二步要做的就是引流！茶馆老板主动去找该商城的各行业高档店铺，对他们的负责人说："无论您的新老客户，只要他们在您这里单次消费满多少元，就赞助一张茶楼的永久免费喝茶卡，还可以加入高端人脉社群。"很多店铺负责人一听激动得不得了，马上同意了。因为这对于客户来说有百利而无一害，终身在高档茶楼里免费喝茶，还能结识更多的高端人脉，谁会不愿意呢？

同时，茶馆老板定制了几套展架放在商城门口和写字楼一楼进行宣传，主题是富豪免费交流休闲茶楼。很快，这个茶楼名气就大了起来，来这里喝茶的有钱人越来越多，有很多中端客户为了结识人脉也来这家茶馆消费，老板的生意越来越好。

后来，茶馆老板又想出了新业态经济下赚钱的新方法：根据茶楼服务人员的反馈，给每个免费喝茶的客户建立存档，然后通过线上平台跟进推销。比如××科技公司的王总喜欢喝东方美人茶，那么茶馆会通过网络平台将他喜好的茶叶链接推送给他，让他购买后在家里品尝。当然这个服务是付费的，因为这些人在这里免费喝了好几次茶，也会觉得不好意思，此时服务人员适时推销，符合他们的需要，所以成交率通常很高。

利用免费＋社群＋网络平台的模式，这个茶馆不久就实现了扭亏为盈。可见，商业模式在一定程度上是可以决定企业生死的。

（资料来源：https://www.360kuai.com/pc/90268a92f62bac784?cota=4&kuai_so=1&sign=360_57c3bbd1&refer_scene=so_1）

> **课堂讨论**

1. 茶馆老板是如何做到让企业起死回生的？

2. 你对创业的商业模式有什么样的想法？

4. 选择 4C 营销策略

随着市场竞争日趋激烈，市场环境不断变化，新媒体、新技术使媒介传播速度越来越快，4P 理论越来越受到挑战，而美国学者罗伯特·劳特朋教授在其《4P 退休 4C 登场》中提出了 4C 营销理论成为主流的观点。4C（Customer，Cost，Convenience，Communication）营销理论以需要为导向，重新设定了市场营销组合的四个基本要素，即 Customer（客户）、Cost（成本）、Convenience（便利）和 Communication（沟通）。

Customer，主要指客户的需要。企业必须首先了解和研究客户，根据客户的需要来提供产品。同时，企业提供的不仅仅是产品和服务，更重要的是由此而产生的客户价值。

Cost，不单是企业的生产成本，还包括客户的购买成本。此外，这中间的客户购买成本不仅包括其货币支出，还包括其为此耗费的时间、体力和精力消耗，以及购买风险。

Convenience，即为客户提供最大的购物和使用便利。通过好的售前、售中和售后服务让客户在购物的同时也享受了便利。便利是客户价值不可或缺的一部分。

Communication，企业应通过与客户进行积极有效的双向沟通，建立基于共同利益的新型企业/客户关系。这不再是企业单向的促销和劝导客户，而是在双方的沟通中找到能同时实现各自目标的途径。

案例导学

小微企业在疫情中积极自救：探索新商业模式，发展线上业务

2020年4月1日，澎湃新闻来到位于上海松江区的上海左袋文化传播有限公司进行采访。该企业在疫情期间遭受了一定的影响，项目延期，现金流紧张，营业额缩减。但是，企业全体员工积极探索自救办法，努力寻找新的商业模式，赢得了新的发展机遇。

上海左袋文化传播有限公司（以下简称"左袋文化"）自2012年成立起，以经营动画系列片、动画电影、艺术短片、绘本、漫画为主，包括后续的发行和衍生授权。

受新型冠状肺炎疫情影响，大量与海外有合作的中长期项目都延期了，左袋文化创业团队思考如何自救，并基于对疫情期间儿童观众集体停课居家的状况迅速做出反应，向时长更短、内容丰富的儿童科普动画短视频项目转型，还结合其原创动画形象与相关厂家合作开发儿童口罩。

他们用2个星期完成了线上复工，利用2个月时间，迅速制作出了40集、每集6分钟时长的《艾米咕噜——大自然小课堂》系列科普动画并在优酷少儿频道热播，积极研发如科学实验室、画画小课堂、经典儿歌等项目，采用新的内容模式，实现了快速变现。左袋文化不仅挺过了这段困难期，还发现了新的发展机遇。

（资料来源：http://news.sina.com.cn/o/2020-04-02/doc-iimxxsth3333034.shtml）

课堂讨论

1．左袋文化采用的是哪种商业模式？

2．左袋文化是如何在疫情中开拓市场的？

知识链接

现代营销的分类与迭代如图 5-4 所示。

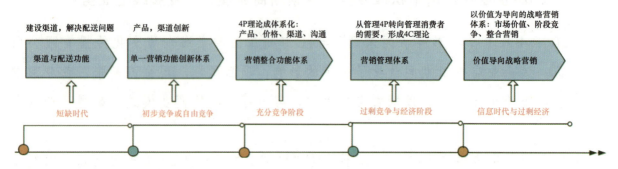

图 5-4　现代营销的分类与迭代

案例导学

经济型连锁酒店 4C 营销策略

1. 7 天连锁酒店集团创立于 2005 年，目前已建立了覆盖全国的经济型连锁酒店网络，在营业分店超过 330 家。

2. 给予消费者需要的营销策略。

目前连锁酒店最大的客户群体主要是中小企业商务人士及"背包族"。对于这类消费者而言，酒店环境舒适卫生安全，价格经济实惠，交通便利，办理手续快捷高效是他们选择酒店是最关注的几个因素。对此，7 天连锁酒店将"客户感受第一"的理念贯彻始终，锁定核心消费者，并为其提供个性化服务。

（1）以消费者需要为核心，注重品牌体验式服务，全面提高产品质量。7 天连锁酒店高度关注客户"天天睡好觉"的核心需要，并以此为根本出发点为客户打造一个舒适如家的住宿环境。坚持不懈地以客户切身感受为导向，不遗余力在细节上用心，在保持原价优势的前提下，配置高质量淋浴设备、五星级标准大床。与此同时，改善营养早餐的搭配，提供睡前牛奶，实现洁净毛巾封包。采取升级隔声设施、室内拖鞋等措施，全面提高各项产品品质及舒适度，营造快乐服务氛围。7 天连锁酒店员工以 20 岁左右的年轻人为主，他们虽然人数不多，但充满朝气而且善于沟通，不管是前台接待，还是电话咨询，都给人热情大方的感觉，有效减少陌生感，有助于客户放松心情，营造一种轻松氛围。

（2）以"经济"性为中心，力求控制客户成本。为了满足消费者"实惠"的要求，7天连锁酒店全面控制成本，在硬件设施配置上用心斟酌，舍弃了传统酒店客房中的大衣柜、笨重书桌、鱼缸等物品，转而将简约、实用、清新、便利的板式组合家具融入客房设计中，注重增添客房"家"的温馨感和实用性。

（3）以"便捷"为中心，为客户创造方便快捷的交通环境。7天连锁酒店的分店一般位于交通便利的地方，如市内交通枢纽附近，市内长途汽车站、火车站等主要场所附近，市内各大地标附近，极大地满足了客户出行方便的要求，预订方式效率很高。7天连锁酒店成功缔造了中国酒店业第一电子商务平台，同时还建立了互联网络、呼叫中心、短信预订、手机WAP及电务管理等一体化系统，客户足不出户就能通过这四种便捷方式完成客房资源的实时查询、预订、确认、支付等流程，既节约了客户的时间、精力，又节约了7天连锁酒店的人力资源成本，非常适合当代消费者"网络化"的生活方式。

（资料来源：https://wenku.baidu.com/view/3fee52e3f12d2af90242e6fb.html）

课堂讨论

1. 经济型连锁酒店是如何运用4C策略进行营销策划的？

2. 结合自身的创业项目，从4C营销策略出发，制定适用的营销方案。

知识回顾

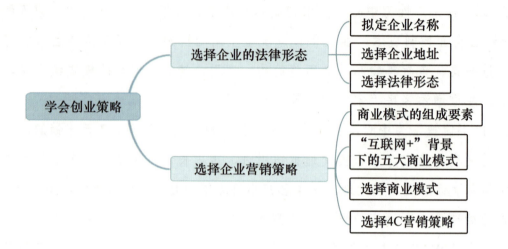

活动实践

活动一：结合自身创业项目，进行创业选址分析。

活动二：（想一想）为了顺利进行工商注册，需要给企业取一个合适的名字，请结合自身项目特色，设想几个合适的名字，并简述其寓意。

活动三：（找一找）寻找"互联网+"五大商业模式典型公司代表，并说明其盈利模式，填入表5-8中。

表5-8 "互联网+"五大商业模式分析

商业模式类型	典型公司代表名称	盈利模式
工具+社群+电商模式		
跨界商业模式		
免费商业模式		
O2O商业模式		
平台商业模式		

活动四：（析一析）商业模式案例分析。

步骤1：案例阅读

进入东莞市迪尔西信息科技有限公司开设的无人超市的流程是：用户扫描门上二维码—重力感应，人脸识别拍照，绑定手机号—开门成功—收银台或者手机扫描商品条形码—添加到购物车—手机确认支付—支付成功—扫描出门二维码—站上重力感应台，人脸识别拍照—系统确认已支付，确认质量没有新增，确认是同一个人—开门成功—交易完成。

此项无人超市系统并没有使用RFID技术，主要使用条码识别、重力感应和人脸识别技术。如未完成支付，人脸识别后会有语音告之用户，还有未付款的商品，无法开门离开。

除这种完整的无人超市系统外，还有一些由无人售货柜群组形式发展的无人超市。例如"无人红酒柜""无人酸奶柜""无人面膜柜""无人售烟柜"等。

后期，随着资源的进一步整合，无人超市可能会和外卖结合。毕竟无人超市只是解决了时间问题，而空间问题还有待进一步解决。

步骤2：回答问题

（1）你认为无人超市商业模式的亮点是什么？

（2）你认为选择商业模式时应该考虑哪些因素？

创业项目评估 任务六

学习目标

学完任务六的内容后，你应该能够：

※ 学会准确评估创业市场；

※ 掌握利润计划的制定；

※ 了解筹措创业资金的途径。

案例导学

三个月关张的零食铺

电商专业毕业的晓华一直想自己当老板，看到城区里几家零食铺生意非常火爆，颇为心动。于是在自己所在小区租了一间店面，筹集了几万元作为启动资金。零食铺很快就开张了。另外，晓华也开设了网店，打算线上线下同时销售。

晓华刚开始满怀激情，认为自己的零食铺种类多且价格低，一定能吸引客户。但渐渐地，他发现许多市民宁可去价格较高的连锁店购物，也不去他的零食铺，而他的网店生意也不太好。在经营了三个月后，晓华最终不得不关闭了零食铺。

后来，晓华反思其中的原因发现，主要是自己没有事先对零食市场进行充分的市场调查。他的零食铺虽然零食种类多，但并不是市场上的热销款，同时，他所居住的小区客源明显少于闹市区，再加上营业时间不固定，没有制定财务收支计划等，最终导致零食铺无法经营下去。

（资料来源：宁波市奉化区工贸旅游学校）

课堂讨论

1. 晓华在创业之路上遇到了什么问题？他创业失败的原因是什么？

2. 我们应该从以上案例中吸取什么教训？

任何创业项目都需要先进行市场调研，并对自己的经营项目有全面的了解，同时需要制定合理的销售计划、成本计划、现金流计划等，对投资资金有准确的预算。

一、进行市场评估

市场评估是企业对所选定的目标市场可行性评价预估的过程，是指用科学的方法，通过各种途径进行市场营销信息的调查、收集和整理的过程，包括对客源的分析、对竞争对手的分析和对目标市场的分析等，有助于创业者掌握市场需要和营销潜力，为经营提供依据。

（一）了解客户

创业前期，应对客户情况进行调查分析：哪些人可以成为你的固定客源，哪些人是可以挖掘的潜在客源；并进一步思考如何使固定客源不断壮大、如何挖掘更多的潜在客源，如图 6-1 所示。

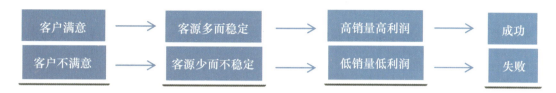

图 6-1　市场需要和营销潜力关系流程

创业初期，你需要明白以下三个问题：

（1）谁是你的客户？

（2）客户想要什么？

（3）怎样才能让你的客户满意？

客户是企业生存的根本，不了解客户需要，企业就不可能成功，没有客户，企业就会倒闭。解决客户的问题，满足客户的需要，他们就会给你带来更多的利润，你的创业就能成功。

案例导学

星巴克的客户关系

自 1992 年在纳斯达克上市以来，星巴克的销售额平均每年增长超过 20%。在过去的 10 年里，星巴克的股价上涨了 2 200%，星巴克也是世界上利润增长最快的品牌之一，也是《商业周刊》"全球品牌 100"最佳品牌之一。

星巴克成功的重要因素之一是它视"关系"为关键资产，公司董事长舒尔茨一再强调，星巴克的产品不是咖啡，而是"咖啡体验"。与客户建立关系是星巴克战略的核心部分，其特别强调客户与"咖啡大师傅"的关系。

舒尔茨认识到"咖啡大师傅"是为客户创造舒适、稳定和轻松的环境中的关键角色，直接与每一位客户交流的咖啡大师傅决定了咖啡店的氛围。为此，星巴克规定每一个"咖啡大师傅"都要接受培训，培训内容包括客户服务、零售基本技巧及咖啡知识等。另外，"咖啡大师傅"还要预测客户需要，并在解释不同的咖啡风味时与客户进行交流。

客户在星巴克消费的时候，收银员除输入品名、价格以外，还要在收银机输入客户

的性别和年龄段，否则收银机就打不开。所以，公司管理者可以很快掌握客户的消费时间、消费品类、消费金额、性别和年龄段等信息。

另外，星巴克也通过反馈来增强与客户的关系。每周，星巴克管理团队都要阅读原始的、未经任何处理的客户意见卡。一位主管说："有时我们会被客户所说的话吓一跳，但是这使我们能够与客户直接交流。"

课堂讨论

1．星巴克的客户理念是怎样的？

2．星巴克是怎样管理客户关系的？

知识链接

客户调查的具体方法

1．交流法

与客户交流，了解客户喜好，掌握客户对产品的需要范围、需要量。

2．问卷法

采用线上加线下的形式，进行问卷调查，掌握更多数据信息，并对所得数据结果进行分析。

3．观察法

用心去观察目标群体的消费习惯，尽量为客户提供他们需要的产品。

4. 假设法

换位思考，将自己当成客户，亲自体验产品，分析购买动机和心理。

（二）了解对手

在市场经济开放、自由的环境中，创业过程中势必出现许多竞争对手，包括竞争对手和潜在竞争对手。需要创业者有相对准确的掌握。了解对手的数量范围、区域分布，他们的营销范围、营销特色和不足之处、营销实力，分析竞争形势，做到心中有数。

没有单独的赢家

在镇中心的繁华街道上，一边是张三开的羊汤馆，另一边是李四开的烧饼铺。张三制作的羊汤有家传秘方，味道特别好，远近闻名，每天食客云集。渐渐地，他发现，虽然自己店里也出售烧饼，但来就餐的人还是愿意到李四的烧饼铺买烧饼。

于是，张三定下店规：进店客户谢绝自带烧饼。谁知客户不买账，张三的羊汤馆生意一落千丈，最终倒闭。张三走了，来了一个叫王五的人，他把店铺改为馄饨铺，与李四精诚合作，从此，客户们吃李四的烧饼，喝王五的馄饨汤，又呈现出一派欣欣向荣的景象。

类似的情形比比皆是。世上没有单独的赢家，企业唯有合作走双赢之路，才是生存和发展之道。

（资料来源：https://www.sohu.com/a/409335131_120031056）

1. 张三开的羊汤馆倒闭的原因是什么？王五开的馄饨铺成功的原因是什么？

2. 看完这个故事，你觉得应该怎样看待竞争对手？

知识链接

了解竞争对手的方法

（1）通过询问、电话调查等方法对竞争对手的客户进行抽样访谈，了解他们的优势和产品或服务特色，同时总结自身的不足。

（2）观察竞争对手的经营模式、服务情况、客源构成，分析他们的创业理念。

（3）亲自体验竞争对手的产品和服务，站在客户的立场去感受，总结这些产品和服务的优缺点。

（4）通过正常渠道和竞争对手交谈，看能否实现合作共赢。

（三）目标市场分析

著名市场营销学者麦卡锡提出，应当把消费者视为一个特定群体，将其称为目标市场。所谓目标市场，就是通过市场分析后，以相应的产品和服务满足其需要的一个或几个子市场。

目标市场分析，可以分为市场环境分析、市场细分和市场的选择和定位。通俗地说，就是分析产品或服务有哪些有利条件，预估你的产品和服务的具体方向，面向哪类消费群体，然后采取特定营销方式，推出特色产品和服务，从而提高市场占有率。

在进行目标市场分析之前，提出以下10个问题：

（1）谁会青睐我的产品或服务？

（2）哪些人已经是我的客户了？

（3）我的产品或服务的影响力如何？

（4）我身边的人如何评价？

（5）我是否只是根据个人知识和经验进行定位？

（6）我的盈利模式是什么？

（7）我将如何销售我的产品或服务？

（8）我的竞争对手是如何营销的？

（9）我应该如何挖掘客户？

（10）我的目标市场还有扩大的空间吗？

若要成功创业，前期的市场调研必不可少，这是获取第一手资料的最有效途径。市场调研又称为市场调查，一般来说可分为三个阶段，即调查设计阶段、调查资料收集阶段和调查资料整理汇总阶段。

（1）调查设计阶段。创业者根据市场调查的目的和要求，对调查工作的各方面和各环节做出全面部署，包括明确调查的目的、调研的对象，确定调查的项目、资料的来源，设计调查问卷或表格，预估调查费用等。

（2）调查资料收集阶段。在调查工作中首先要收集方案资料，当方案资料不能满足需要时，就要进行实地调查。

（3）调查资料整理汇总阶段。将收集到的各类资料进行归纳整理与分析，并进行汇总编排，撰写调研报告。

她选择回到小乡村

竺青青出生在浙江奉化一个不起眼的小山村，毕业后做过文员、出纳、外贸业务员，经过几年的努力，敢闯敢拼的她很快就实现了"城市梦"。

然而在 2015 年，看到乡村旅游业的广阔前景后，她做了一个让所有人惊讶不已的决定——回到生养自己的小山村。竺青青先是说服家人，翻修了家里的老房子，再跟烹饪专业毕业的弟弟合作，开了一家"竺家私房菜"；然后将父母在村口新建的几间平房改造，开了村里唯一一家咖啡吧——南·咖啡。依托家门口的景区资源，凭借自己的专业能力和人脉，通过微信公众号推送的方式，吸引来一大批游客，每到各种节假日，竺青青的生意异常火爆。后来，竺青青做出了一个更大胆的决定，就是与村里有空余房屋的村民签订租赁合同，对承租房屋装修办民宿，并招纳了一批村民负责客房清洁打扫。经网上推广，加上自家饭馆和咖啡吧的客源，民宿的入住率很高，在节假日更是爆满。如此一来，竺青青还间接帮助许多村民解决了就业问题。

课堂讨论

1. 谈一谈竺青青创业的市场定位、面向群体有哪些。

2. 竺青青的成功经历对你有怎样的启示？

知识链接

选择创业项目的五大原则

（1）选择国家政策鼓励和支持并有发展前景的行业。
（2）做好科学的市场调研。
（3）做自己擅长的事情。
（4）量力而行，从小事做起。
（5）坚持创新。

二、制定利润计划

陈先生和他的砖厂

陈先生在杭州郊区开办了一家砖厂，每块砖的生产成本为2角，他向建筑工地供砖的售价为每块砖3角。几个月过去了，他不但没有盈利，反而赔了更多的钱。

> **课堂讨论**

1. 为什么陈先生卖得越多赔得越多?

2. 陈先生面临的问题是市场营销问题还是管理问题?

(一)制定销售价格

1. 如何确定产品或服务的成本

(1)成本加价法。

将制作产品或提供服务的全部费用加起来,得出总成本,除以产品的件数,然后再加上一个产品期望的利润率就是销售价格。其主要适用于制造商和服务商。

成本利润率是指企业的营业利润与营业收入的比率,是衡量企业经营效率的指标,它反映了在考虑营业成本的情况下,企业通过经营获取利润的能力。计算公式:

$$销售价格 = 产品总成本 \div 件数 + 利润率$$

(2)计算单位产品或服务成本的步骤。

单位产品或服务成本关系如图6-2所示。

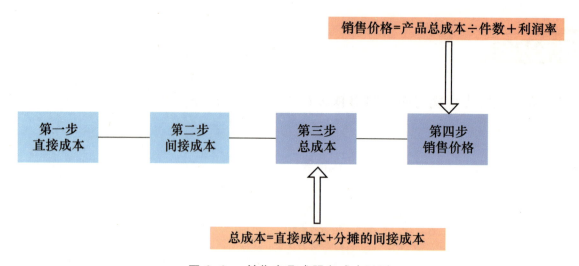

图6-2 单位产品或服务成本关系

案例导学

网络爆款——力高开胯器的成本与利润核算

2018年7月，周立信等设计生产了力高开胯器，在解放双手的同时，解决了学生的开胯训练难题。开胯器设计由团队成员完成，生产则委托厂家进行，产品的组装由团队成员和学校兼职学生共同完成，产品通过线上和线下两种方式进行销售，物流发货委托给长期合作的物流公司。辅助器是团队主推的产品，也是很多消费者解放双手的首选产品。

通过财务统计，计算两款产品总成本，从而确定销售价格，见表6-1。

表6-1 成本与利润核算　　　　　　　　　　单位：元

开胯器成本、售价、利润明细		辅助器成本、售价、利润明细	
金属框架	31	一体化折叠金属座	34
海绵套+堵头	3.4	坐垫靠背组合	25
螺钉、螺母+定位销	1.2	手摇收绳器	10.2
包装盒	2.4	包装箱	6
运费（平均）	10	运费（平均）	20
成本	48	成本	95.2
零售价	70	零售价	166
利润	22	利润	70.8

结合表 6-1 分析计算辅助器的利润率：

利润率 = 利润 / 成本 ×100%=70.8/95.2×100%=74.36%

课堂讨论

1. 结合表 6-1，分析计算开胯器的利润率。

2. 产品价格的制定需要考虑哪些主要因素？

2. 竞争比较法

在考虑成本的前提下，结合竞争者的定价确定自身产品的销售价格。在同等情况下，确保产品价格有一定的竞争优势，且在参与促销等活动中有一定的降价空间。

（二）预测销售收入

开始销售之前，企业往往需要做一些预测，以便企业进行成本核算。销售数量和收入预测是企业进行决策的重要基础，有助于企业快速地预测盈亏平衡点，做好财务预算。

案例导学

职业院校学前专业的舞蹈课上经常需要开胯训练，通常两人一组进行训练，这种方法费时费力且极易受伤。这促使周立信等同学萌发了设计一款可独立训练的开胯器想法。第三代开胯器产品于 2018 年年初申请了商标并授权使用，于 2018 年 8 月上市销售，并迅速打开了市场。

从2018年8月到2019年9月，周立信等累计招收了24家代理商，从国内走向了海外。截至2019年9月，力高开胯器及其相关产品销售额达181.5万元，产生净利润约75.1万元。

目前，第四代产品已经开始打入市场，其训练效果更显著，利润率也更高。

预测收入的五个步骤：

（1）列清单：列出企业所有的产品或服务见表6-2。

（2）预测销售数量：根据市场调查推测出企业半年到一年的各个月销售数量。

（3）明确价格：确定每个销售产品的销售价格。

（4）计算月销售额：月销售额=月销量×价格。

（5）预测收入：月销售收入=每项产品月销售额相加。

表6-2　力高开胯器月销售量统计（2018年8月—2019年6月）

月份	2018年8月	2018年9月	2018年10月	2018年11月	2018年12月	2019年1月	2019年2月	2019年3月	2019年4月	2019年5月	2019年6月
开胯辅助器/件	202	311	337	359	366	273	182	218	129	88	63
开胯器/件					2	19	18	46	22	79	107
开胯器套装/套					15	128	174	385	569	644	613

示例：开胯辅助器（2018年8月—2019年6月）的总销售额统计：月销售额=销售数量×销售价格，总销售额=月销售额之和，总利润=单件利润×总销售数量（表6-3）。

表6-3　开胯辅助器月销售额统计（2018年8月—2019年6月）

月份	2018年8月	2018年9月	2018年10月	2018年11月	2018年12月	2019年1月	2019年2月	2019年3月	2019年4月	2019年5月	2019年6月
开胯辅助器/件	202	311	337	359	366	273	182	218	129	88	63
单价/元	166	166	166	166	166	166	166	166	166	166	166
月销售额/元	33 532	51 626	55 942	59 594	60 756	45 318	30 212	36 188	21 414	14 608	10 458
总销售额/元	419 648										

练一练：请根据上述图表，完成（2018年8月—2019年6月）开胯器和开胯器套装销售额统计，并将其填入表6-4～表6-5中。

表 6-4　力高开胯器月销售额统计（2018 年 8 月—2019 年 6 月）

月份	2018年8月	2018年9月	2018年10月	2018年11月	2018年12月	2019年1月	2019年2月	2019年3月	2019年4月	2019年5月	2019年6月
开胯器/件					2	19	18	46	22	79	107
销售单价/元											
月销售额/元											
总销售额/元											

表 6-5　力高开胯器套装月销售额统计（2018 年 8 月—2019 年 6 月）

月份	2018年8月	2018年9月	2018年10月	2018年11月	2018年12月	2019年1月	2019年2月	2019年3月	2019年4月	2019年5月	2019年6月
开胯器套装/件					15	128	174	385	569	644	613
销售单价/元											
月销售额/元											
总销售额/元											

（三）制定销售与成本计划

仅知道产品的销售额还是不知赚赔，因为赚赔取决于利润。会计中的利润是指企业在一定会计期间的经营成果。利润是衡量企业优劣的一种重要标志，也是评价企业管理层业绩的一项重要指标，更是投资者等财务报告使用者进行决策时的重要参考。

1. 什么是利润

$$利润 = 含税销售收入 - 增值税 - 总成本$$

2. 企业的成本

企业的成本包括以下四种：

（1）人工成本。

（2）材料成本。

（3）生产和销售成本。

（4）资金成本。

3. 计算成本的原则

（1）直接费用。直接计入：原料、工资、各种费用。

（2）间接费用。分摊计入：开业、保险、促销等。

（3）固定资产。计提折旧：不同物品有不同折旧率。

注：缴纳给国家和地方的税费都不计入成本。

知识链接

折旧是一种特殊成本，是由于固定资产（设备、工具和车辆等）在使用过程中不断贬值而产生的一种成本，见表6-6。

表6-6 固定资产折旧年限表（最低年限）

固定资产名称	折旧比例及年限	
工具	20%	折期5年
机器、机械和其他生产设备	10%	折期10年
机动车辆	25%	折期4年
办公家具	20%	折期5年
店铺	5%	折期20年
工厂建筑	5%	折期20年
电子设备	33.33%	折期3年

练一练：根据产品的特点以及市场需要，结合上表，预测三款产品在2019年下半年的销售量和销售额，并计算出含税利润，将其填入表6-7和表6-8中，然后在计算机上绘制折线图。

表6-7 力高开胯器三款产品月销售量预测（2019年7月—12月）

月份	2019年7月	2019年8月	2019年9月	2019年10月	2019年11月	2019年12月
开胯辅助器/件						
开胯器/件						
开胯器套装/件						

表6-8　力高开胯器三款产品销售额与利润预测（2019年7月—12月）

月份	2019年7月	2019年8月	2019年9月	2019年10月	2019年11月	2019年12月
开胯辅助器/件						
开胯器/件						
开胯器套装/件						
开胯辅助器销售总额/元			开胯辅助器总利润/元			
开胯器销售总额/元			开胯器总利润/元			
开胯器套装销售总额/元			开胯器套装总利润/元			
三款产品销售总额/元			三款产品总利润/元			

（四）预测盈亏平衡点

盈亏平衡点（Break Even Point，BEP）又称零利润点、收益转折点，通常是指全部销售收入等于全部成本时（销售收入线与总成本线的交点）的产量。以盈亏平衡点为界限，当销售收入高于盈亏平衡点时，企业盈利；反之，企业就亏损。盈亏平衡点可以用销售量来表示，即盈亏平衡点的销售量；也可以用销售额来表示，即盈亏平衡点的销售额。

本书采用固定成本与变动成本来计算盈亏平衡点：

$$利润 = 收入 - 成本$$

$$利润 = 收入 - (固定成本 + 变动成本)$$

计算盈亏平衡点就是利润为零的时候

所以　　　　　　收入 -（固定成本 + 变动成本）= 0

即　　　　　　　收入 - 固定成本 = 变动成本

例如：每个产品的销售单价是20元、材料成本是5元、固定成本（租金，管理费等）是30 000元，那么需要多少产量才能保本呢？

假设产量为 Y，根据公式可以得出：

$$20Y - 30\,000 = 5Y$$

解得　　　　　　　　　　　$Y = 2\,000$（件）

所以只有产量高于这个数量才盈利，低于这个数量就亏损。所以这个产品的盈亏平

衡点就是 2 000 件。

在现实生活中，固定成本还包括如机器的折旧、场地的租金、管理人员的工资。

变动成本还包括产品的材料成本、计件工资、税金。另外，还有半变动成本，如水电费、维修费等。

案例导学

力高开胯器项目创业资金来自团队自筹和创业基金支持。其中周同学出资 6 600 元，沈同学出资 3 000 元，何同学出资 2 400 元，团队投入初始资金 12 000 元，学校创业基金支持 20 000 元，合计投入初始资金 32 000 元。项目创立初期，项目团队在校外租用仓库一间，租金为每月 1 000 元，项目团队成员每人每月可领取工资 800 元。

从 2018 年 8 月到 2019 年 6 月，随着产品销量不断增加，项目成本也在提升，前 4 个月的市场推广费约 10 000 元，水电费、售后服务费等合计约 2 000 元，计件员工工资约 2 000 元，网店装修与维护费约 1 000 元。因为是委托加工，设备折旧费包含在产品材料成本中。

课堂讨论

算一算：根据案例内容和前面的销售数量和销售额分析，计算力高开胯器项目何时开始盈利。

因为首先销售的开胯辅助器，计算它的盈亏平衡点就代表项目的盈亏平衡点了。

固定成本 = 4 000+9 600+10 000+2 000+2 000+1 000=28 600（元）

假设开胯辅助器产品的销量为 X

根据公式

$$收入 - 固定成本 = 变动成本$$

得出

$$166X - 28\,600 = 95.2X$$

$$X = 403.9（件）$$

根据前文表格数据显示，开胯辅助器 8 月销量为 202 套，9 月销量为 301 套，那么从 2018 年 9 月下旬开始，项目已经盈利了。

三、筹措创业资金

（一）投资预测

企业的兴衰与投资预算的多少息息相关，因此投资预算应当力求和企业的战略以及长期计划紧密联系在一起。

财务部门经常对预算指标进行计算、预测、整理、分析，然后肯定成绩，揭露问题，寻找原因，提出改进措施，可以促使企业不断提高经济效益。

"真心拾衣"的财务预算

职高创业一条街首批入驻项目——"真心拾衣"结合专业文化和学生技能学习的需要，重点解决在校师生洗衣难的问题。该项目由教师组织，由学生作为项目负责人，开展校内外洗衣等业务。创业场地由学校提供，免租一年并承担店铺装修费以及洗衣机、收银系统、沙发等大型硬件设备。

通过财务预算，发现该项目还需要采购一些洗衣必需品，如衣架、肥皂、脸盆等，同时为了拓展业务，还准备采购三个货架，用于摆放衣物和销售商品（表6-9）。

表6-9　开业采购清单

商品名称	数量/个	单价/元	金额/元
衣架	100	0.2	20
裤架	100	0.2	20
收银系统	1	300	300
无线路由器	1	59	59
蓝牙音箱	1	19	19
晾衣竿	3	46	138
水洗标签	200	0.1	20

续表

商品名称	数量/个	单价/元	金额/元
包装袋	200	0.2	40
平烫机	1	150	150
照片打印机	1	350	350
洗衣液	2	29	58
刷子	1	3	3
肥皂	2	5	10
脸盆	3	6	18
货架	3	200	600
合计/元			1 805

为了更加吸引客户，开业初期，店铺进行了一些推广活动，比如发传单、抽奖、免费洗衣等。因为是体验创业活动，参与的团队成员前期没有工资收入，待项目开始盈利后根据利润情况分配工资。对于到店铺兼职的学生，则给予每小时8元的补贴，按月结算。

课堂讨论

想一想：若要使项目顺利进行，团队成员前期准备3 000元启动资金够吗？

在实际创业过程中，启动资金还需要加上房租费、装修费、水电费、管理费等。

想一想：假设现在这家店铺要在校外开分店，租金一年8万元，装修投入约2万元。作为团队负责人，需要筹备多少启动资金呢？

创业启动资金包括创业投资（设备、厂房、工具、材料），营销管理费用（推广费、人员工资、日常开销等）以及一些不可预见的费用（如产品退换货、客户纠纷等）。另外，做预算时需要全面而且仔细，因为合理的预算有助于项目的顺利进行。

（二）资金来源

职高毕业的他已经开了三家汽修分店

说起自己的创业经历，杨启运满怀自豪，他说以前从来没有想过，职高毕业的自己也能成为小有名气的汽修店老板。

2004年9月，中考失利后的杨启运来到了奉化区工贸旅游学校就读，从小酷爱拆装零件的他选了汽车维修专业。在校的三年时间，他找到了一条适合自己的人生道路：学一门过硬的技术，成为一名技能型人才，开一家属于自己的汽修店。

毕业后，杨启运跟家人提到开汽修店的想法并得到了支持。开店需要启动资金，他先向父母借款50 000元，又向亲戚借了50 000元，再加上自己假期打工赚的15 000元，租了两间门面，"启运汽修店"就这样开张了。专业的服务加上优良的品质，杨启运的汽修店渐渐在当地有了口碑，通过老客户的口口相传，启运汽修店的生意越来越好。后来，杨启运在银行贷款40万元，又开了两家分店，还招聘了十几名员工。

课堂讨论

1. "启运汽修店"的前期资金是如何筹集的？后面开分店的资金又是如何筹集的？

2．读了杨启运的故事，你觉得中职生创业道路可以怎样选择？

创业启动资金不足是创业过程中的一个重要问题，其多少是影响创业者行业选择、企业规模大小的重要因素，也是企业生存和发展的关键要素。

一般来说，前期启动资金越充分越好，那么中职生在创业时一般通过哪些途径来筹集呢？

1. 个人积蓄

个人积蓄是指投资人自己拥有的资金，是创业融资最根本的渠道，成本也最低廉。

如果是合伙出资，则需要拟定一份合同来保护个人和企业的利益，写明各自投入资金的金额数目，明确收益分配方法、比例和各自所需承担的风险。

2. 亲友借助

亲友借助是除个人积蓄外最常见的资金来源，是创业者比较适合采用的融资方式。

应该注意的是，亲友直接借助的资金往来，也需要遵守契约，如写借条时应注明归还期限，保障双方利益，避免日后发生纠纷。

3. 银行贷款

使用银行贷款投资具有较大的风险，但也是一种解决启动资金不足的常规方法。

比较适合创业者的银行贷款形式主要有抵押贷款和担保贷款两类，见表6-10。

表 6-10　银行贷款分类

抵押贷款	担保贷款
不动产抵押贷款	自然人担保贷款
动产抵押贷款	专业担保公司担保贷款
无形资产抵押贷款（如专利、著作）	政府无偿贷款担保

4. 国家政策扶持资金

积极了解政府相关的产业导向和激励政策，争取国家政策性扶持资金，帮助创业者解决前期启动资金筹资困难。

政府的资金扶持方式一般有税收优惠、房租减免、财政补贴和贷款绿色通道等。想要搭上国家政策的顺风车，就要在平时多关注国家政策。

知识回顾

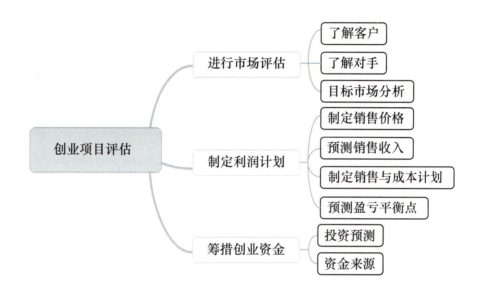

活动实践

活动一：（测一测）你有商业头脑吗？

王师傅出售的衣服，每件进价是 30 元，由于生意惨淡、资金短缺，只好以每件 20 元的价格清仓甩卖，有一位客户来买衣服，给了王师傅一张 50 元纸币，王师傅没零钱，找隔壁摊位换了 50 元。事后，隔壁摊位发现钱是假的，王师傅又赔给他 50 元。请问王师傅一共亏了多少钱？（　　）

A. 40 元　　　　　　B. 60 元　　　　　　C. 90 元　　　　　　D. 110 元

活动二：（练一练）思维训练。

就读于某中职院校旅游管理专业的小瑜同学一直有开一家茶吧的想法，毕业前夕恰

巧遇到了烹饪专业的小信同学，两人经过交流，一拍即合，决定合伙开始茶吧创业。但是经过研讨，他们发现了许多困难，比如目前市场上的茶楼众多，且喜爱茶的中老年群体偏多，年轻群体对茶楼的青睐度并不高，茶吧的特色不知该如何凸显……

请你根据小瑜和小信的实际情况，对他们茶吧的选址和市场定位进行分析。

活动三：（想一想）学习完本节内容后，你有哪些适合中职生创业的好点子？

活动四：（填一填）根据你心目中的创业项目进行一次市场调查，并将调查结果填入表6-11中。

表 6-11　市场调查

调查内容	调查结果
谁能成为你的客户	
客户的年龄（大致范围）	
客户的性别比例	

续表

调查内容	调查结果
客户对产品和服务的需要量	
客户的消费水平	
客户的消费动机	

活动五：（析一析）请根据自身项目，完成项目中某一种产品或服务的销售价格制定，然后写下分析过程和计算方案。

活动六：（算一算）请结合自身项目进行销售收入预测（时间周期为 6 个月），绘制成表格，并画出折线图。

活动七：（算一算）请结合自己的项目来预测盈亏平衡点，计算一下项目从何时起可以开始盈利。

活动八：（算一算）请结合自身的创业项目进行创业启动资金的预测。

活动九：（想一想）项目的启动资金是否超预算？如果资金不够，应怎样解决？

创业基地孵化 任务七

学习目标

学完任务七的内容后,你应该能够:

※ 学会编写一份创业计划书;
※ 熟悉PPT制作的格式与要求;
※ 学会路演演讲稿的编写及项目路演;
※ 理解校内的两种创业形态,学会结合实际开展地摊创业和专利创业;
※ 了解校企合作项目创业的方法和校地互动培育创业型人才的模式;
※ 分析小微企业失败的原因;
※ 了解企业运营的风险及防范。

案例导学

一份计划书成就的创业梦

王强是上海市某中职院校电子与信息技术专业毕业生。在校期间,他是班里的活跃分子,总是积极参加各种校园活动,努力提高自己的综合素质。怀着自主创业的梦想,他对学校的职业生涯课和职业指导课尤其感兴趣,在课上努力学习创业知识,并在社会实践活动中培养自己的创业能力,为毕业后的创业做准备。

一直想自主创业的王强在家人、学校和老师的关心和支持下,向银行贷款成立了公司。创业初期,王强雄心勃勃,却屡屡受挫,很多事情想得很好,实施起来却很难,特

别是在融资方面。经过不断反思和总结经验,他根据公司实际情况制定了一份详细的创业计划书。正是由于这份创业计划书,他获得了一家投资公司提供的 100 万元的融资。现在,王强的公司逐渐走上正轨,业务量增加了两倍,利润也翻倍了。

课堂讨论

1. 从以上案例中,你能获得什么启示?

2. 你了解创业计划书的内容吗?

知识链接

创业计划书的格式见表7-1。

表 7-1　创业计划书的格式

章节	内容	具体要点描述
一	项目概况	项目简介、产品或服务的特点 市场潜力和竞争优势 企业管理队伍和财务情况等
二	产品分析	市场容量分析、预计市场份额 目标客户分析、同类产品分析
三	产品或服务	产品或服务的类型，主要目标客户 产品或服务的优势
四	营销战略	营销渠道 定价策略 产品或服务的销售方式 促销及广告计划
五	创业团队	团队成员的分工 企业的理念及文化 企业的激励机制
六	财务分析	销售和成本计划 投资收益与风险分析 企业未来资金需要
七	发展规划	企业近期、中期及长期发展目标
八	风险退出	外部风险分析 内部风险分析 解决方案及措施
九	附录	营业执照、专利证书、获奖证书、销售数据等佐证材料

一、创业大赛提升

案例导学

2019年中华职业教育创新创业大赛金奖——力高开胯器。国赛金奖比赛路演视频请扫描二维码查看。

力高开胯器

课堂讨论

1. 通过观看视频，你觉得路演成功的关键在哪里？

2. 视频中的路演还有哪些可以改进的地方？

一份好的创业计划书，需要创业者用自己的方式呈现给评委和投资人，因此路演就此诞生。为了让路演更能吸引人，创业者往往需要借助PPT来展示，创业大赛中也对此有要求。PPT可以全方位展示创业项目，能体现创业团队的水平，出色的PPT有助于路演的成功。

（一）路演 PPT 制作要点

路演 PPT 制作要点见表 7-2。

表 7-2　路演 PPT 制作要点

章节	内容要点	举例
第一部分（1 页） What（封面）	直观地展示项目主题，并配上合适的图片。比如，力高开胯器，用一张大图，给观众展示项目主题，这里要注意颜色的搭配	
第二部分（1～2 页） What（你要做什么）	用 1～2 页 PPT 阐述你的创业项目，文字要精练，页面搭配要合理，最好能配上功能示意图，让人一目了然。这里要突出专注，表明你就想做一件事，而且就想解决这件事中的某个关键问题。如果项目有专利和获奖的经历，可直接呈现，以展示项目水平。 比如，力高开胯器项目通过与传统产品的对比视频，进行力高开胯器的阐述，直观形象。介绍产品后，再简单介绍该项目已经获得的荣誉，以展示项目实力	
第二部分（4～6 页） Why now（行业背景、市场现状）	用 4～6 页 PPT 讲清楚行业背景、市场发展趋势、市场空间。注意，要说明你在正确的时间做正确的事，而且市场空间大。 要描述目前市场背景下，项目抓住了用户的哪个痛点。或者你的项目可以为用户带来更高性价比的产品或服务。尽量列出与竞争对手的对比分析结果，表明当前的商业机会。 比如力高开胯器项目，抓住了传统开胯器训练效果差的痛点，研发出升级款产品，再通过与竞争对手相比，凸显产品的优势	

续表

章节	内容要点	举例
第三部分（4～6页）：How（如何做以及现状）	用4～6页PPT讲清楚实现商业模式的具体方案，包括产品的研发、生产、市场、销售策略。描述这个项目是如何实施的，最终取得的效果。 通过几页PPT，展示产品的创新点及研发的过程。 紧接着，可以呈现项目推广的过程以及推广的效果，让评委看过之后了解目前产品在市场中的地位，让目标客户看过之后产生购买欲	
第四部分（1～2页）：Who（项目团队）	用1～2页PPT讲清楚团队的股份和分工，团队要有合理分工，需要介绍团队主要成员的背景和特长，强调个人的能力适合该岗位，团队的组合适合该创业项目	

续表

章节	内容要点	举例
第五部分（1～2页）：Why you（优势）	用1～2页PPT讲清楚你的项目和团队优势。"事为先，人为重"，让投资人相信你要做的事非常有前景，而且你们团队很适合这个项目。回答好两个问题："为什么是现在做这个项目？""为什么你们能做成功？"	
第六部分（2～3页）：How much（财务预测与融资计划）	用2～3页PPT讲清楚项目当前的财务情况，以及近三年的财务预测，表明你的融资计划，需要多少资金，准备稀释多少股份。资金需要一般做一年规划，项目要达成什么目标，达成这个目标需要多少钱	
第七部分（1～2页）：What（近期发展规划）	用1～2页PPT说明项目近期发展的目标以及规划，表明团队对于项目未来发展的计划和需要努力的方向，以及在此基础上需要做哪些准备	

知识链接

评委在评审时会收到很多创业计划书，但是用来看每篇计划书的时间是有限的。有时候呈现给评审的创业计划书也可以用PPT代替。一方面，PPT图文排版更方便、表现更丰富，方便讲清楚创业项目；另一方面，PPT一般是按页查看的，让人更有耐心了解产品。创业计划书的内容20页即可。注意，不要刻意控制页数，重点是把内容说清楚。

创业教育

（二）演讲稿编写要点

创业大赛项目路演往往采用现场直播形式进行，有时候说错一个字就会让项目失色，编写演讲稿的作用就是让参赛的创业者更加清楚演讲的思路，同时注意把握细节，突出项目特色和团队优势，避免出现失误，以此来保证路演可以顺利进行。

1. 做好观众分析，明确路演的目的

在写演讲稿之前，我们要从观众的角度进行思考，想一想他们希望听到哪些内容，他们关注的要点有哪些等。从投资人的角度出发，考虑演讲需要完成哪些目标，取得什么样的效果。根据这些准备演讲材料，有针对性地挑选演讲要点，可以保证演讲内容是投资人感兴趣的，从而吸引他们的注意力，以利于顺利地完成路演。

2. 头脑风暴，构建框架

明确了演讲的要点之后，我们要发挥团队的作用，开展头脑风暴，把与主题有关的关键词梳理出来，根据时间的限制与观众的兴趣点，进行重点筛选。对于重点内容进行认真研究，确定演讲的方案与技巧，让演讲层次分明，从而取得最佳的演讲效果。

3. 精心设计开头和结尾

演讲的开头和结尾都非常关键，开头决定着观众会不会仔细听你讲下去，结尾则会影响着观众对项目的整体评价。开场词的语言要简洁明了，可以用提出问题、案例故事、设置悬念等形式开场。结尾的部分要总结演讲主题，可以给出一两句金句或讲述一个打动观众内心感情的经典故事。

4. 完善演讲稿，尽量口语化表述

写完演讲稿之后，我们要留意把演讲稿中的某些书面语言，转换为口头语言，表述要简明而且清楚。另外，在演讲过程中可以适当增加一些经典故事、网络流行语、干货、笑话等来活跃气氛。

国赛金奖第一名（塞夫魔箱）

开场部分：尊敬的各位来宾：

大家上午好，虽然抽到的是第二签，但我们的技术、服务、团队都是一流的。我是总经理梁睿钊，今天带来的是装在家门口的快递箱。为什么要推出这款产品呢？快递行业迅猛发展，2018年快递量达到了570亿件，然而收货并不省心，驿站有时会丢件，快递柜做不到送货上门，快递业的最后100米成为一个超级大难题。学习物流专业的我们直击市场痛点，在专业老师的指导下，经过多次市场调查，依托学校资源，走进企业，参与研发并得到了行业专家的支持，终于制造出了颠覆行业的收发神器"塞夫魔箱"，请看我们的项目介绍……

分析：该项目开场（虽然我们抽到的是第二签，但我们的技术、服务、团队都是一流的）就展示出选手的临场应变能力，然后分析项目诞生的背景，引出演讲主题，每句话都与项目息息相关，语言精练，还使用了网络流行语，非常接地气，让观众可以快速了解演讲主题，然后留下深刻的印象。

（三）进行路演和比赛

1. 5分钟路演技巧

5分钟路演就是一种最常见的项目演示形式，是创业者必须掌握的技能之一。路演的目的很多，其中最主要的就是吸引投资人的目光，能够更多地提升项目的估值，能够更快地推动项目融资成功。

（1）了解评委的逻辑和语言。

如果进行的是一场以比赛为目的路演，那么目标很明确，就是要吸引评委的关注，让他们对项目产生兴趣。因此，这里的聚焦对象是评委，而不是投资人。创业者表达的内容应该选择评委最关注的，表达的方式应该是评委最容易理解的，一切从评委的角度出发来设计和策划。

注意：5分钟最重要的目的是吸引评委"关注"项目，而不是让评委"完全了解"

项目，做到"印象深刻"足矣。正确的做法应该是在评委最关注的点上，筛选出项目的优势之处（最多3个），用一定篇幅来展开介绍，而其他内容则一带而过。

（2）用对标竞品来阐述核心价值。

核心价值是评委最关注的点之一，大部分创业者在路演时都会把这个内容作为重点来陈述，这里用到的技巧是利用对标竞品来阐述项目核心价值。

市场上存在较强的竞争对手，表明有已被证明的大市场，相对竞品的优势就是核心价值。

（3）用数据来描述验证结果。

有数据的项目更加真实，数据漂亮的项目无疑会第一时间吸引投资人的眼球。处于早期的项目，其风险主要来自各种不确定，即模式不确定、市场不确定、产品不确定等。其需要一个验证过程才能逐渐确定下来，而数据就是展现验证结果的最佳依据。

有的项目已经发展一段时间了，也有了一些数据，但从路演的实际效果来看，并没有体现出数据和验证的关系。例如，一个特色教育项目，运作了2年，积累了60万粉丝，2019年营收100万元，2020年目标营收300万元，这样的数据在路演中罗列出来其实不能给投资人留下太多印象。正确的表达方式应该是进行如下说明：用户方面，主要通过抖音短视频引流，平均每月新增5万粉丝，月均以30%速度递增；营收方面，分为2B和2C产品，其中2B已签约×家企业客户，月均销售额××万元，占整体营收的60%；2C已经实现×万元付费个人客户，月均销售额××万元，占整体营收的40%，月均增长20%，这样的数据解读就很立体，表明了阶段性验证成果（用户推广、产品和销售模式基本成型）和发展趋势（增速快的业务）。当然，现场路演表达时要提炼语言，不要过于烦琐，推荐使用图表。

评委从你对数据的解读中可以看出项目模式逐步确定，市场逐步认可，团队逐步成熟，项目的不确定性风险逐步降低，因此认为可投概率直线上升。

（4）用品牌背书来增加项目亮点。

如果你的项目已经有行业内知名品牌客户或合作伙伴加盟，并且实际进行过业务合作，这将起到很好的品牌背书效果。在路演时不妨稍作展开介绍，并辅以数据和场景，以展现真实性和合作效果。这样给评委的印象将会是：这个项目某些方面已经达到了一定的层次，并且让品牌方验证过了，靠谱。

2．3分钟答辩技巧

国赛评委提问——力高开胯器项目（部分）

1．你们是否有自己的公司？

我们没有公司，因为我还没有成年，现在以我母亲的名义创办了杭州夏创电子商务有限公司，待我成年后公司将会转入我的名下。

2．你们创新解决产品什么痛点？

传统开胯器需双手控制训练效果非常差，我们的产品最主要的卖点就是解决了这方面的问题。

3．其他公司产品也能达到同样的目的怎么办？

相对而言，我们产品目前的结构是最简单的，除此之外，我们在研发过程中已经将能想到的结构都申请了专利，目前我们已申请了八个专利。

4．出现竞争对手怎么办？

我们在研发过程当中考虑到了这个问题，所以凡是能用的结构，都进行了专利申请，做了一个专利覆盖。

5．针对产品的更新换代有什么计划？

目前我们这款开胯器做的是棘轮机构的，后期我们还会做电动的，未来我们还会开发出手机蓝牙控制，这是我们的研发计划。

6．你们的产品创意的灵感来自哪里？

在一次经过舞蹈房时，我们受到启发，产品创意的灵感来源于升降衣架。

7．你们的产品适用于所有年龄段的人吗？

我们的产品可自动调节长短，任何身高、年龄段的人都可以使用我们的产品。

8．你们的产品专利属于谁？你们有没有做过一些品牌推广？

产品专利属于团队负责人周立信。为了更好地推广产品，我们申请了"力高"这个商标，同时通过抖音短视频直播以及线下推广形式进行了全方位的产品宣传。

9. 你们这是属于健身器材，如果客户在使用过程中损伤了怎么解决？你们是如何做售后服务的？

我们的产品是可调节的，客户可以根据自身情况进行调节，而且在训练时，如果发现不适，可及时停止，避免发生损伤。我们有自己的网点，有专门的客服为客户进行售后服务工作。

10. 你们的商标是如何注册的？

我们是委托代理机构注册的。

11. 学生推广难度会不会很大？有什么有效的方法可以做好这个项目？

难度不是很大。我们主要将精力放在拍摄短视频上，并将拍摄好的广告短视频投放到各大热门 App 上，门槛比较低，随时都可以推广。

在比赛中，创业者路演结束后，评委会对项目进行问辩，一般采用评委提问，创业者回答的方式。通常答辩时间限定为 3 分钟。

在答辩时间内，评委会对项目感兴趣的方面进行提问，由于时间有限，评委的提问一般都切中要害，并且通过对创业者回答的判断给出最后的评分。

（1）回答问题要做到有礼貌、有自信，表达简洁清晰。

一般在收到评委提问后，首先表达对他们的感谢。通常可以这么说："谢谢评委老师的提问，这个问题由我来回答"。切忌反驳评委的观点或者质疑评委的提问。

因为时间有限，回答者要切中要害地回答出评委想听到的答案，不要讲一些不重要的信息，要简洁明了，让评委能够听明白你的答案。

（2）进行问题整理，做好答辩预演。

针对评委提问，创业者在比赛前要进行模拟答辩，做到熟练精准，避免出错。比如，评委提问该项目目前总共获得多少利润？团队是如何分配的？关于这些问题，创业者都要非常快速地给出回答，这表明了团队成员对于项目的把握程度，不可出现口述数据与计划书内数据不相符的情况。

（3）明确评委意图，能够随机应变。

当评委的提问不在预想的范围内或者超出创业者的知识水平时，不要紧张，尽可能通过临场发挥回答评委的提问。如果实在不在自己能力范围内，可以坦然对评委表明，然后表示自己今后要加强学习。

二、创业项目实战

校园是中职生创业项目培育的主战场，校园创业拥有诸多优势。中职校园有包括场地、设备、材料等在内的实体资源；也有优秀毕业生创业典范、创业导师、设计服务和行业企业专家等高端智慧资源；同时还有国家、地方政府等部门的创业扶持政策。在此基础上，每年学校创业坊、创业街和创业园的"学生老板"走了一拨，再新来一拨，学校创业主战场成为学生创业的"孵化器"。

（一）校内项目创业

校园创业项目大多以学生为主，但学生无人脉、无资金、无资源，创业成功的概率不高。校园创业孵化基地，是校园创业项目成功孵化成社会新型企业的重要纽带，是校园创业实践平台的最高级形态，致力于服务校园学生创业企业的孵化培育，成为以智力服务、资源对接为主要特色的创业服务窗口。

1. 地摊创业

校园地摊创业，也叫作校园创业集市。校园创业集市是在校园内模拟集贸市场让学生进行市场经营。学校负责搭建平台，学生自行选定商品类型，组织货源，制定价格，选择促销方式进行售卖，实现最简单的商贸零售经营活动。校园创业集市是一个为学生提供展示和交流自己创业产品的平台，有利于培养学生的创业意识，感受学生的创业氛围，打造出校园创业创新实践活动新模式。地摊创业是一种门槛较低的校园创业形态，适合大众创业。

校园创业集市应坚持低价或免费为中职生提供创新创业服务指导及实践摊位；组织单位上，可由学校设立专门机构组织或联合学生社团联合组织或邀请社会企业共同参与；可以定期举办，关于周期方面可与主办方协商确定。

平湖职业中专校园购物节成功举办

2018年1月9日中午，经过前期的准备工作，平湖职业中专第二届校园购物节随

着礼花的鸣放正式在校园广场启动。

全校师生参与了本次购物节活动。"创业"在学校逐渐成为常规活动之后，学生们的创业热情得以有效激发。购物节现场，有文创区（包括陶艺等以学生创意类产品为主）、跳蚤市场（小物品、二手书籍等）及O2O体验区（电子商务班）。购物节上出售的商品既有批发进货的销售摊位，也有服装专业、陶艺社团、3D打印等学生自己制作的"可商品化"的实训成果，还有MISS——密工作室、金象裤袜有限公司等校外企业摊位的加盟，让购物节一浪高过一浪。

"学校即社会，教育即生活"，我们相信，中职教育唯有"接地气"，在开设立足教室的认知性活动的同时，更开展了面向校园、面向社会的"双创"实践性活动，再努力结合学生的专业学习，积极建立起融"研、产、供、销"为一体的"双创"实践基地，才能培养出更多的合格的技能人才。

课堂讨论

1．平湖职业中专组织的购物节为学生进行校园创业提供了哪些项目？

2．如果你参加这个校园购物节，会考虑选择什么样的创业项目？为什么？

2．专利创业

专利创业，简单地说，就是指发明创造人将自己的发明或设计的产品依法申请专利，并利用专利从事创业实践活动的过程，是校园创业的一种高级形态。

专利创业需要具备四大要素：高质量的专利、专利制度规则的利用、相应的商业机会和必要的资源。其中，高质量的专利是指具有较高的技术水平、别人难以掌握或模仿，能为创业者带来巨大经济收益的核心专利；而仅有高质量的专利还不够，还需要合理运用专利，借助法律赋予权利人独占权，灵活经营；商业机会是创业者充分发挥市场洞察力，识别并填补市场空隙，从而赢得价值增值回报的机会。必要的资源包括资金资源、创业人才、创业管理、政策资源等。

中职生的专利创业主要是借助自己所学专业，利用创新技法而形成的一切可以应用于社会的产品和服务。一般来说，中职生的专利创业大多是某种改进型的产品或服务。

案例导学

以专利开启"90后"创业梦

杭州曼京科技有限公司是一家创新型小微创业公司，从事日常生活中各种实用产品设计、系统研发，旨在以设计创新打造"生活新产品"，为人们创造美好生活。该公司创始人夏冬2009年进入富阳职业高级中学模具制造与设计专业学习。在校期间，他充分展示了自己的设计天分，发明了五件作品：半自动气割圆机、第四代教学圆规、电动车充电器、普通拖把挤水器、真空垃圾桶。2011年参加技能大赛时，他获得富阳区钳工第一名、创新发明一等奖、CAXA制造工程师一等奖。他本人曾先后荣获"富阳区技术能手""杭州市级三好学生""富阳90后青春梦想代言人"等荣誉称号。2014年，他创办了杭州曼京科技有限公司。"曼京"代表的是曼妙生活之意。

2012年，夏冬毕业后被学校聘为实训指导教师，负责创新创业教学与研发。2013年，夏冬在校园无意间发现很多女同学抬水非常困难。为此，他萌发了设计一种由两个人抬水的饮水桶提水器的想法。历经长时间的设计研究，无意间受到灭火器架子锁扣的启发，他做出了第一代饮水桶双人提水器。使用一段时间后发现有诸多缺点，比如每次提水器都需要弯腰去锁锁扣才行，使用不方便，体积大，放在教室也不方便等。后来受到同校教师作品的启发，夏冬设计并通过3D打印机打印出第二代样品，试验后发现外观明显改善，并且使用也非常方便，之前所提到的几个缺陷都得到了改进。夏冬在这个过程中申请了三项专利。这款双人便携式提水器一经问世就大获成

功：在线上线下同时销售，短短几个月，订单就超过了 15 000 个，利润达到 15 万元。因为这个产品注重技术的研发，创造独特的产品和服务，把专利作为市场竞争的利器，所以，销售情况一直很好，现在每个月能通过网络售出 500 个。

课堂讨论

1．"双人便携式提水器"是怎样发明的？

2．你对利用"双人便携式提水器"进行创业有什么想法？

知识链接

专利创业的类型和模式

依据专利在创业过程中的作用，从价值创造和商业模式出发，专利创业可以划分为两大类型三种模式，具体如图 7-1 所示。

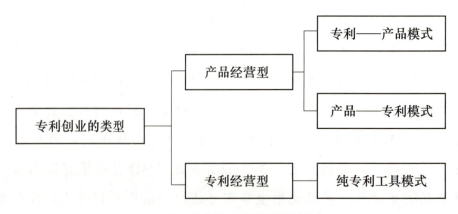

图 7-1　专利创业的类型和模式

专利——产品模式：创业者首先拥有专利，把专利作为创业的重要资源；然后依据专利技术的特征和适用范围，为已有专利寻找商业机会；寻找到商业机会后，对专利技术进行应用性开发，将专利技术转化为产品。产品——专利模式就是创业者发现了商业机会，为了将其抓住，利用已有技术或利用他人技术开发产品，尽快将产品投入市场、抢占市场先机，在产品开发过程中或者产品投入市场后，再申请专利。专利工具，顾名思义，就是将专利作为商业工具，常用于没有实体业务的专利创业企业中。纯专利工具模式就是创业者不生产实体商品，也不提供服务产品，而是致力于专利制度规则的应用，把专利作为盈利的工具，通过自主研发和收购囤积大量专利，通过专利转让、许可或者专利侵权诉讼获取经济利益。

所有的创业模式都需要对专利进行保护，都需要对专利制度规则进行灵活运用，这就需要共同的条件，即有较为完善的专利法律法规和较强的制度执行力。

（二）政地合作创业

产教结合的教育模式已被实践证明是一种具有相当成效的教育模式。职业院校一方面要积极搭建校内创业实践基地，使学生不出校门就可以亲身感受创业实践的内涵，达到教学和实践的高度统一；另一方面要努力建构校企合作平台，推动和强化职业院校校外创业基地的建设，推动政校行企"产、学、研、创"合作，鼓励学生到企业进行创业实践。

1. 校企合作共同创业

校企共建的创业实践基地是学生创新创业实践的天然温床和助推器。在实践基地中，学生可以通过双导师的指导，再结合自己的兴趣点，依托校、企两种资源，充分利用现有条件，用最小成本、最低风险进行创业实践。

中职学校电子商务专业淘宝创业

2012年9月，普宁职业技术学校与普宁国际服装城（以下简称"服装城"）签订校

企合作协议，双方长期保持良好的合作关系，每年9月从二年级学生中选拔一批有强烈创业意愿、具备一定创业条件、综合表现较为优秀的人，组建淘宝创业班，进驻普宁国际服装城进行为期一年的淘宝创业实训。学生每周周一到周五的白天在服装城实训室进行实训，住宿生利用夜自修的时间在校内实训室进行实训。校企合作成效显著，双方积累了宝贵的合作经验，创业班学生的创业业绩及利润逐年增长。

淘宝创业班位于普宁国际服装城主楼四楼，由服装城提供场地，并给予五年免租的优惠政策；学校投入卡座、计算机、网络等硬件设施，水电费由学校负担。在管理方面，校企共建创业班管理小组，设组长1名、组员多名，由实训班班主任、实训老师、企业对接人、企业技术顾问等成员构成。该管理小组通过协商建立健全各项制度，共同制定创业班人才培养方案，共同商讨教学内容、实训项目等。实训班班主任由学校选派1名老师担任，负责普宁国际服装城创业班的日常管理工作；实训教师由校内选派专业骨干教师若干，负责实训班级的常规教学及实训。企业指定对接人1名，负责对接处理校企合作相关事宜；并选派技术顾问2～3名，负责学生实训过程中的技术指导，定期进行创业讲座，再进行创业跟踪辅导、参与学生实训评价等。在双方的合作过程中，作为最大受益者的学生，不仅可以深入市场实地考察，及时了解货源信息，而且可以买到物美价廉的商品，而在发货及退换货等物流环节，也有校内学生无法解决的便利优势。尤其在竞争异常激烈的普宁网批发市场，创业班学生的入驻有效提升了普宁国际服装城创业孵化基地的建设成效，是普宁网批发市场稳定的重要影响因素。

课堂讨论

1. 校企合作创业企业方为创业学生提供了哪些资源？学校给学生提供了哪些扶助政策？

2. 为什么说在双方合作的过程中，最大受益者是学生？

2. 校地互动共育创客

中职学校创业人才培养模式有很多，如课堂教学模式，将第一课堂与第二课堂相结合，重在培养学生的创新和创业意识；大赛平台模式，借助创业工作室和创新创业大赛，重在培养学生的创新和创业技能；课堂教学＋基地训练模式，强调课堂教学与实践训练的结合，注重创新创业能力的培养；课程教学＋基地训练＋大赛平台模式，以课程教学为基础，以基地训练为载体，以大赛实践活动为平台，注重创新创业能力的培养等。

按照校企合作人才培养方案，可以在中职学校课程中设置创业相关的理论课程和实践课程，在校企合作的人才培养过程中保证创业课程的开展、创业实训的实施，培养学生自主创业的能力，让学生利用校企合作创业实践基地的优势，在校期间进行创业尝试，实现创业人才的培养。

"校地互动式、引导服务型"创新创业人才培养

"校地互动式、引导服务型"创新创业人才培养模型结构如图 7-2 所示。

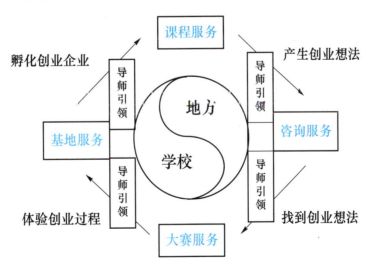

图 7-2　"校地互动式、引导服务型"创新创业人才培养模型结构

中职学校创新创业人才培养模式运作的特征可以用"一二三四"来概括。

"一"是指一条主线：导师引领是中职学校创新创业人才培养贯穿全过程的一条主线，创业导师由校内的创业培训师和校外的创业成功人士组建成一个创业服务导师团队，根据创业想法、创业项目、创业模拟和创业实践四个环节提供相应的课程服务、咨询服务、大赛服务和基地服务，满足创业者创办企业的需要，进而达到创新创业人才培养的目标。

"二"是指两个层面：中职学校创新创业人才培养需要学校与地方（政府和企业）两个层面的共同参与，缺一不可。通过校地合作互动的方式，两者相互作用，互为补充，各自发挥优势，培养创新创业人才。

"三"是指三个阶段：创新创业人才培养需要一个过程，首先，把创意的金点子设计成作品，主要是创新能力的培养，产生创新金点子，为创业打好基础；其次，再把产品做成市场认可的商品，以创新为依托，注重创业意识的培养和创业知识的学习，寻找适合市场的创业项目；再次，把商品变成百姓喜欢的精品，重点进行创业实战训练，体验创业过程。

"四"是指四种服务：即课程服务、咨询服务、大赛服务和基地服务，根据学生的要求为其提供相应的服务，并且一直贯穿创新创业活动全程。

综上所述，"校地互动式、引导服务型"即在"学校"和"地方"（政府和企业）两个层面合作互动下共同培养创新创业人才的模式的构建。主要有通过课程服务产生创业想法，通过咨询服务找到创业项目，通过大赛服务体验创业过程，通过基地服务孵化创业企业。借助导师引领层层推进，来达到人才培养的目的。其中导师引领是创新创业人才培养的前提，课程服务产生创业想法是创新创业人才培养的基础，咨询服务找到创业项目是创新创业人才培养的关键，大赛服务体验创业过程是创新创业人才培养的保障，基地服务孵化创业企业是创新创业人才培养的核心。当然，每种服务不仅解决某种创业问题，还是一种侧重和强化，创新创业人才培养是一以贯之的系统工程，只有在综合的、系统的训练之下才能实现。

课堂讨论

1. 中职学校创新创业型人才培养的服务有哪些？这些服务的顺序能够调换吗？为什么？

2. 你认为中职生创业最需要的是什么服务？为什么？

知识链接

课堂、校园、社区/社会空间中的创业教育示意如图 7-3 所示。

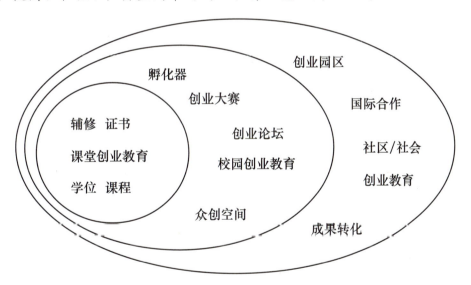

图 7-3　课堂、校园、社区/社会空间中的创业教育示意

三、创业风险防范

新创立的小微企业，生存和发展都非常难，虽然其特点是灵活，但目前经济形势多

变，各生产要素受各方面的影响，也呈现出变化多、变化快的形势。由于多数小微企业对生产要素依赖性强，同时其生产要素的替代性差，于是面临诸多问题。据不完全统计，仅浙江省就有 50% 的小微企业利润达不到预期，另外 50% 小微企业基本无利润或亏损，仅有三成小微企业主对未来有信心。虽然每个小微企业失败的原因各不相同，但大致可以分成外部原因和内部原因。

（一）小微企业失败的原因

1. 外部原因

（1）小微企业资金困难。

虽然国家对微创企业的贷款扶持力度很大，特批准民生银行、浦发银行、兴业银行三家银行可发行专项用于发放小微企业贷款；但是小微企业的财会工作基本上都是由企业主自己或亲戚朋友承担，缺乏专业的财会知识，更多的都还是每月或每季度、每年聘请外部财务人员进行代理记账报税，没有正规的审计部门认可的财务报表，所以不完全符合银行的贷款条件，审批贷款非常艰难。另外，由于小微企业主经营不善，又没有实物资产和固定资产，使小微企业自身的资金积累困难。

（2）小微企业对市场环境的适应能力差。

小微企业的发展极容易受到市场环境的影响，其市场环境适应力分析如图 7-4 所示。

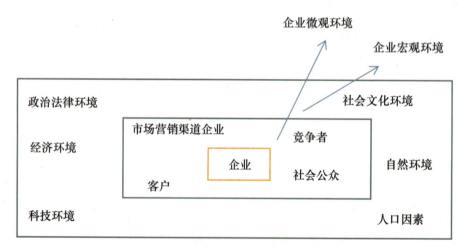

图 7-4　小微企业市场环境适应力分析

小微企业如不适应以上环境的变化，其结果就是经营困难，举步维艰。

（3）小微企业缺少创新能力。

小微企业由于创新能力和科技技术不足，因此产品不能更新，不能很好地满足客户的需要，业务就会很难发展。

2. 内部原因

（1）小微企业管理者缺少营销知识。

部分小微企业的管理者对营销知识虽有一定的了解，并且也知道营销知识对企业发展的重要性，但由于自身的营销知识储备不多，导致对小微企业的发展无法做出准确的判断，比如企业虽然资金有限，却盲目地把资金投入扩建厂房、增加设备等企业一些基本建设，造成企业的经营战线拉长、资金紧缺。假如资金发生链断裂，就会给企业带来麻烦，严重的导致倒闭破产。

（2）小微企业管理者性格的缺失。

虽然国内外的企业环境相差很大，但大家一致认为，为人正派是企业家应具有的最重要的素质。排在第二位的是眼光及对目前和将来的市场有准确的洞察力。此外，还要懂得财务知识。排在第三位的是具有冒险精神和管理能力、沟通能力。作为企业的管理者，任何一方面的缺失都会转化为企业的危机。

（3）小微企业管理者任人唯亲，管理方法不科学。

由于小微企业多是家族企业，公司一开始组织成员就是亲朋好友，且一人身兼数职，既没有专业的知识又没有科学的管理方法，一旦出现问题，就会给公司的管理和发展造成很大的阻挠。

知识链接

小微企业融资形式

（1）银行，大多数银行都有小微企业部，可以专门去办理贷款业务。

（2）社会担保公司，可以无形资产担保和资产抵押担保。根据相关法律规定，商

标专用权、专利权、著作权中的财产权等无形资产能作为贷款质押物。

（3）资产抵押可以是企业厂房，机器设备、原材料、产成品、仓单质押、生产工具、交通工具。

（4）典当融资。

（二）企业运营的风险防范

1. 小微企业的运营风险

小微企业的运营风险有国家颁布的法律法规，行业规范变化、行政行为改变带来的政策风险；有噪声、污水、灰尘影响带来的环境风险；有货品损毁或丢失（物流环节）、货款无法收回、运输安全带来的意外风险；有原辅料质量、采购时间的成本风险。

2．小微企业运营风险的防范

小微企业运营风险的防范措施应当是与运营风险一一对应的，否则就不能有效防范运营风险。企业管理者应结合个人企业的情况来制定防范企业运营风险的措施和预案。

政府风险→熟悉相关国家法律法规，了解本地区的长远规划。

环境风险→做好企业各设备防护、防潮、防噪声。

意外风险→潜在客户资料、物流、货款有专人跟踪，做到一日一报一追踪。

成本风险→成本预算做到上有空间，下有余份，有的放矢。

企业运营是一门很深的学问

小裘在职高学的是汽修专业，但毕业后并没有从事汽修专业相关的工作，而是记住了在学校期间创业课老师教的选择创业项目的方法，他把自己的兴趣和爱好结合起来，在杭州开了一间摄影工作室。刚开始，凭借开业的优惠活动和亲戚朋友介绍，有一批客户,小裘忙得不亦乐乎,但之后没了固定客户,又刚好杭州地铁开始修建,工作室的门前就是地铁工程,噪声严重影响了工作室的工作,因此不得不暂停了室内拍摄工作。

课堂讨论

1. 摄影工作室在运营期间遇到了什么问题?

2. 假如你是小裘,应怎样防范运营风险?

知识链接

新型冠状肺炎病毒疫情发生后，国家对小微企业的贷款新政策

（1）App 线上办理业务，比以往的来回跑几趟更方便也更安全。

（2）贷款条件放宽，抵押物和经营流水适当降低。

（3）降低贷款利率，贷款利率比 2019 年降低很多。

（4）贷款期限延长，最长可延长半年，如本人是新型冠状肺炎患者，可延期 1 年。

（5）审批时间剪短，银行加快贷款前调查，只要手续齐全，第一时间就可以放款。

知识回顾

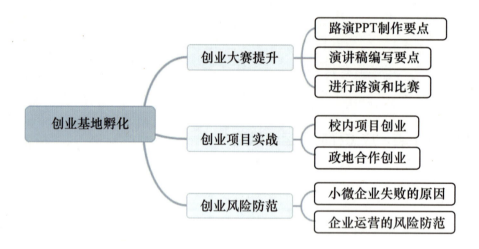

活动实践

活动一：（演一演）分小组结合创业项目制作一份商业计划书和路演 PPT，模拟对投资方进行解释说明。其他同学扮演投资决策人，每个参与成员都持有 100 股股份、一张评价卡和建议卡，在听取各小组的讲解后，先填写评价卡和建议卡，然后将自己持有的股份投给自己认可的小组。

表 7-3 "模拟投资游戏"评价卡与建议

序号	评价项目	评价	得分
1	创新性 是从未有过的创意吗?		
2	独特性 是富有特色的商品或服务吗?		
3	成长性 今后会有继续发展的可能吗?		
4	收益性 会获取一定的收益吗?		
5	可行性 项目真正可以实施吗?		
6	时代感 符合时代的需求吗?		
7	表现力 讲解有表现力吗?		
8	说服力 说明与提示的资料有说服力吗?		
9	期待感 投资人有所期待吗?		
10	热情 是否传达出了对商业的热情?		
	合计		

◆优点

◆缺点

◆这样会更好(改善方案)

◆投资金额:　　　　股

活动二：（理一理） 找有关资料列举本校毕业生创业失败的原因。

活动三：（试一试） 创业实践（表 7-4）

学校准备举行一次迎接新生购物节，允许高年级同学自发组团开展地摊集市，你会怎样准备你的商品和项目？

表 7-4 创业项目与营销策略自测表

商品（项目）名称	满足的需求	营销策略

知识链接

某年中华职业教育创新创业大赛国赛金奖——塞夫魔箱。

塞夫魔箱

尝试网上创业　任务八

学习目标

学完任务八的内容后，你应该能够：

※ 理解网上创业的主要形式及网上创业的准备工作；

※ 了解网上创业公司的日常管理；

※ 了解运营需要的能力并分析自身优劣势；

※ 理解网红产品的属性及特点；

※ 了解网红单品打爆模式。

案例导学

探秘丽水千万级带货网红"大野密探·背锅侠"

有人说她是隐居山林的大侠，有人说她是风味独特的美食家，还有人说她是坚持自我的逐梦者，"近千万粉丝""沙雕美食主播""千万级带货达人"，这位"90后"青年网红，她就是——大野密探·背锅侠。

在丽水的大山里，锅锅和狗狗们住在一起。她开始拍视频，把自己梦寐以求的生活搬到现实中，让脑子里的虚拟场景成为抖音小视频中清晰可见的美妙故事。她只想记录自己喜欢的，要有趣，还要有美食。她要展现自己最真实的一面——一个不问红尘俗世、十分豁达的"野生大侠"。

这位丽水女孩，14岁开始自学剪辑，18岁学习视频拍摄，多年的婚礼摄像经历帮助她积累了丰富的策划、拍摄、剪辑经验。

曾经在百度贴吧火热的时代，锅锅就已经尝试剪辑制作视频并激起了一些小水花，但是影视制作的道路并不是一帆风顺的。锅锅说，刚开始拍抖音短视频时正好是丽水的雨季，为了拍好每一个镜头，锅锅经常在雨中反复录制，当时经常有粉丝留言说到"怎么这位主播头发一直都是湿漉漉的"。

自从抖音短视频火爆以后，锅锅的空闲时间就更少了，每天直播5～13个小时，构思视频脚本，收集拍摄道具，和哥哥一起取景拍摄，再埋头制作，一条时长5分钟的短视频背后光剪辑这一环节就要花去3～5个小时。

从2019年5月到现在，锅锅已经收获了600多万喜爱她的粉丝和9 294万个让她珍惜的点赞。随后，她在抖音发起"援鄂复苏计划"等公益活动，又陆续开展直播助力湖北特产销售，直播带货销售额达43.7万元，助力陕西安康市、蒲城县农产品销售，倡导粉丝参与助农公益活动。

在视频中，她一身中式男装打扮，身背玄铁锅，圆片墨镜下是深藏不露的冷酷，就地取材，生产美食，制造欢乐，俨然一位悠然自得的野生侠客。

在生活中，她沉浸于丽水绿水青山之中，习惯用手机镜头记录乡野生活，乐于分享自己的视频拍摄经验，始终低调踏实地做自己喜爱的事。

（资料来源：微信公众号"青春丽水"）

课堂讨论

1．大野密探·背锅侠取得成功，哪些因素起到了决定性作用？

2. 大野密探·背锅侠成立的公司和你们理解的电商公司什么区别？

一、网上创业的准备

（一）网上创业的主流形式

现在，网上创业已经成了很多人的选择，然而，不同的创业者所选择的创业类型有所不同，这需要结合创业者本身的条件而定。

1. 媒体类企业

媒体类企业提供免费内容，收集购买意愿，当用户群体积累到一定量级时就可以出售广告，提供受众可能会感兴趣的产品或服务的销售线索，或者追加销售订阅服务或数字商品。比如小红书、抖音、微博等，博主先提供大量免费内容（美妆知识、拍摄技巧），吸引一部分关注群体，后期可以带货变现。

大量的互联网初创企业都属于这个类别，因为这类企业的启动成本很低，但后期扩张规模的成本很高。

2. 付费服务类企业

在网上创业的过程中，有些企业会以付费服务的方式向别的企业购买部分业务。针对这样的需要，大多数付费服务类企业初期都会采用"免费策略"，即免费提供一些基本内容或服务，吸引尽可能多的潜在用户，并希望能将一小部分免费用户转化为付费用户，实现盈利。

与媒体类企业相比，这种企业通常需要更多的资金来创办，但扩大规模的成本可能不会很昂贵，因为后期付费用户的增加，能给企业带来更多的现金流。

3. 实物商务类企业

实物商务类企业俗称网店，即在网络平台上（如淘宝、京东等）开设店铺，销售实体产品或者服务等。这类初创企业从每笔交易中获取收入，它们需要做好仓储、退货和客户服务，同时，还要在销售和市场营销方面提高效率。

【填一填】

结合生活中的实际情况，试着列出你知道的电商企业的情况，并填入表 8-1 中。

表 8-1 电商企业分类分析表

类型	判断过程			企业/网店/账号
	是否提供免费内容	是否提供服务	是否销售产品	
媒体类企业				
付费服务类企业				
实物商务类企业				

知识链接

互联网本质是一种流量生意

互联网本质上是一种流量生意，在本质上跟线下做生意花钱买店铺获客，然后卖货盈利没有区别。互联网的流量其实就是用户，同时也是互联网企业的核心资产，在可见的商业周期内（用户生命周期内商业价值＞规模化获客成本）的项目才有价值。拆解下来，影响这个公式的核心就是几个变量：获客成本在流量成本高昂的今天，除了大企业有流量扶持的项目外。新项目要么在获客方面占得先机，要么产品自身有比较好的传播性。

（资料来源：https://www.pinlue.com/article/2019/03/3105/398513423950.html）

（二）网上创业的硬件基础

由于网上创业三种类型中，付费服务类前期需要较大的资金量，更适合初期有足够资金的创业者。那么，对于普通创业者，媒体类和实物商务类电商类型就显得更加亲民和实际。以下根据实际情况，以实物商务类电商类型为例分析其硬件设备的需要。

网上开店有一些硬件设施上的要求，由于没有统一的标准，本书把硬件要求分为三类，以便于各位卖家根据自己的经营策略和经济状况进行取舍。

1. 体验型卖家

基本要求：稳定网络＋台式计算机＋智能手机。

如果卖家刚进入网上开店的行列，对其的了解还非常浅显，主要目的是体验，那就不需要特别刻意地配置硬件设施。只要拥有可以上网的台式计算机，在稳定的网络下就可以开始网上开店之旅了（在拍摄方面，创业初期不建议购买单反相机，目前市面上的智能手机就能满足拍摄需要）。随着卖家交易的进行，如果想更加深入地进行网上开店，再逐步增添设备。

2. 兼职型卖家

基本要求：稳定网络＋台式计算机＋智能手机＋数码相机。

如果卖家是一位兼职店长，且有稳定的交易额（交易额不高），对网上开店的知识也有了一定的了解，对店铺各方面都有更高的要求，这时候对硬件就有了新的要求。例如，在产品图片、详情页方面有更高的要求，所以拥有高品质的数码相机，可以快速地把自己的产品多角度地、细致地呈现在客户面前。同时，在日常办公方面，打印机、刻录机等用于保存商品和客户资料等的设备也应酌情添加。

3. 专业型卖家

基本要求：办公场所＋稳定网络＋台式计算机＋笔记本电脑＋数码相机＋智能手机＋固定电话＋传真机＋打印机＋产品相关设施。

由于专业卖家全力投入网上开店，且交易额比较高，所以硬件要求就复杂很多。通信方面，需要方便客户联系的手机和固定电话；美工方面，需要专业摄影设备；发货中心，需要打包机等；日常办公中所需的各类设备，如打印机、传真机等。

【想一想】

结合自己的情况设想一下，如果开网店，我们需要购买什么设备。除了硬件设备外，还需要准备什么呢？

如何开网店找货源

电子商务市场已经渡过了萌芽期，网上购物环境日益成熟，正是创业者进入的黄金期。

"发糕妹"杨香香：乡土美食上抖音

在龙泉有一位"90后"漂亮姑娘，通过天猫、抖音等平台卖发糕、土特产……年销售额达到600万元，被人们亲切地称为"发糕妹"，如图8-1所示。

图8-1 "发糕妹"杨香香

大学毕业后，杨香香从龙泉老家来缙云创业，历经一次创业失败后，最终与缙云发糕擦出火花，带领乡亲共同致富。

2010年，杨香香在浙江商业职业技术学院读书，她说："当时，学校有大学生创业基地，我很好奇，就约上同学一起去看看创业园的淘宝店到底在卖啥。"在计算机上点点鼠标就能赚钱？那天夜里，杨香香躺在宿舍的床铺上，思考着如果开淘宝店能赚钱。于是，杨香香抱着试一试的心态与同学一起在网上开设了一家淘宝男装店。创业初期，她遇到不少问题，如盗图被人投诉、宝贝被处罚后下架等问题。

为了能够将淘宝事业顺利进行下去，每天凌晨5点，杨香香就从学校出发，坐最早的那趟公交车赶往杭州四季青服装城拿货，进货的钱都是她每天省吃俭用存起来的。

刚开始生意还不错，但是杭州房租高、开销大，没有多余的流动资金，杨香香服装店运转不了，于是放弃了这家淘宝店。

2013年，杨香香到缙云游玩，发现这里的特产非常美味。"当时就发现来缙云仙都的游客都喜欢带特色美食回去，我觉得这里有商机。"于是，她萌生出从事农村电商的想法，希望通过电商平台，将"缙云美味"传播出去。此后，杨香香留在了缙云。因大学期间有经营淘宝的经验，她顺利开了一家网店，尝试卖缙云美食。

最初，杨香香通过店铺代卖缙云烧饼。这次尝试获得了成功，销量很好，最好时一天卖300多个。她说："当时只是想试试看，没想到收入还不错，我更加坚定了自己的想法。"

2016年，杨香香通过微博和朋友圈分享自己出售的发糕，引来了很多人的关注，这让她决定将发糕投向市场。连她自己也没想到，生意会如此火爆，开卖首月就售出1 000多箱，净赚近4万元。

随后，她继续大胆推出新品，比如在发糕中添加果蔬、坚果等。此外，她还用自己的平台助销缙云的油焖笋、番薯片、地瓜干等农特产品。

2018年，杨香香又开始尝试拍摄视频和网络直播，抖音号"香香小厨"的第一个视频就有650万的播放量，点赞量有16.4万人次，目前已有粉丝8.2万人，获赞41.9万人次，带动缙云农特产销售上万单。仅2018年，她的发糕、土产品等销售额就达到600万元。

随着发糕需要量的增加，杨香香成立了"甄亿香"品牌，并与别人合股办起了发糕厂。此时的她希望能为村民们贡献一点绵薄之力。

发糕厂位于缙云东渡镇，有十几个固定工人，忙碌时还得招聘周边的十多个村民，每天每人发放工资从80元到100元不等。除了招工外，杨香香还会尽可能向周边村民

购买生产所需的原材料。她说:"制作发糕、清明果等糕点的原材料必须保证没有污染,所以尽可能向周边农民购买。一来用着安心,二来能为他们增加收入。"

用自己微薄的力量,紧跟互联网时代的发展,带动周边农民致富,杨香香内心充满喜悦与自豪。

(案例来源:https://www.sohu.com/a/349714318_99973799)

课堂讨论

1. 从杨香香身上,我们学到了什么?

2. 如果要开一家网店,大家觉得有哪些工作是日常需要开展的?

二、网上创业的日常管理

(一)网店的日常运营

网店运营指店铺的日常维护,主要包括进货管理、库存管理、图片管理、销售管理、发货管理等方面。

1. 产品选品分析

在店铺经营范围内，整合货源结合大数据选择优势产品，结合阿里指数等大数据平台对产品进行分析尤为重要。

2. 产品视觉

拍摄产品、修图，制作详情页，上传宝贝并进行店铺装修。

3. 业绩分解

根据网店实际情况制作运营预算，并能分解成每月业绩要求。

4. 客服管理

组织、培训及管理客服团队进行在线销售，完成销售任务。

5. 物流部门

协调内部资源完成采购、物流、售后等各个环节；及时解决日常工作中出现的问题，保证团队工作的正常开展，监督工作流程并持续提高业绩。

6. 营销管理

策划并组织实施网店整体营销推广，提升网店自身营销能力；定期针对推广效果进行跟踪、评估，并提交推广效果的统计分析报表，及时提出营销改进措施，给出切实可行的改进方案。

7. 数据管理

通过后台数据分析网店的各项销售指标，及时调整销售计划。

（二）网店的管理能力

运营工作是一个综合型的岗位，需要各方面都涉猎。这也要求运营具有"三头六臂"。比如：既要懂产品，又会做产品；既要懂销售，还得了解市场推广；既要会数据、

会创意、辅助设计，又要执行力强、会跨部门协调，等等。

1. 过硬的技术实力

PPT、Excel、Word 的应用要熟练掌握，而 Axure、Visio、PS、MindManger 等技术的应用都是运营的加分项，如果能够熟练掌握，对运营将会很有帮助。

2. 数据的敏感度

数据的敏感度指的是对基础数据进行监控，从数据中发现问题、解决问题的能力，同时针对某个问题进行专项数据分析和复盘的能力。

3. 用户需要的敏感度

运营人员要具备一定的洞察能力，能把握用户的需要；然后和商家沟通，满足用户的需要。

4. 跨部门沟通能力

跨部门沟通能力包括和商家以及其他部门的沟通，这其实是一个难度较大的事情，不同部门涉及的利益点不一样，这个时候可以看两个人有没有可以共担的 KPI（关键绩效指标），来促使配合工作。

5. 行业的敏感度

运营人员如果要进行竞品分析，就要站在一个行业的角度去看问题；如果要制作视频，就要关注抖音、快手、小红书、微视等平台。

【聊一聊】

1. 你最喜欢的运营岗位是什么？

2. 若要成为一名优秀的运营人员，你觉得自己拥有什么技能，还缺什么技能？

淘宝开店需要具备的运营知识

如果想要学习淘宝开店运营知识，可以通过淘宝大学平台上的视频课程自学，如图 8-2 所示。

图 8-2　淘宝大学 Logo

"李子柒"品牌爆款产品背后是做产品的用心

2018 年七夕，李子柒个人同名消费品牌正式在天猫商城上线。2019 年七夕，这个品牌迎来了李子柒品牌的首个周年庆，其间销售额突破 2 000 万元，国家宝藏联名款月饼礼盒（共 3 万份）上线 33 分钟即宣布售罄！螺蛳粉上线 10 小时销售量破 10 万份。

与李子柒视频中传达的新传统、慢生活概念相契合，迄今为止，该品牌已与"故宫食品 | 朕的心意""国家宝藏 | 你好历史""胡庆余堂""舌尖大厨"等 IP 伙伴携手，给传统

文化注入新活力,创造出多款与当代消费需要相符的高质量产品。例如,该品牌与"王星记"合作非遗折扇、与"毕六福"合作非遗雨伞的传统物件。2019年端午节还推出了一个高颜值、藏心意、蕴含传统龙舟韵味的粽子礼盒,一经开售就好评如潮,如图8-3和图8-4所示。

图8-3 李子柒龙舟飘香粽子礼盒

图8-4 李子柒品牌休闲零食

在快消费时代,李子柒品牌的变现步伐格外缓慢,却格外稳健。在开启电商变现之前,李子柒一直坚持不接广告和商演,伴随着其全网知名度的提高和粉丝数的增长,凭借她极具个人特色的内容和极强的粉丝黏性,将品牌成功上线。李子柒对于产品用心总能不辜负关注她的人的期待。她每一步都走得非常踏实,尽力给予大家品质上乘且富有中国美食文化底蕴的产品。

(资料来源:http://news.yule.com.cn/html/201908/302915.html)

课堂讨论

1. 用几个字简单形容一下李子柒的特色产品。

2. 李子柒个人品牌爆红网络，同学们有什么可以学习的？

三、如何打造网上爆款

（一）什么是网上爆款

网上爆款又称网红产品，是指随着互联网技术不断发展，大众消费升级的产物。从"最划算"升级到"我喜欢"之后，紧随而来的是对"我喜欢"内容的升级，这是社交媒体用户从过激消费到理性消费的必经之路。

网红产品不局限于实物产品，也可能是人或者事件，比如景区、餐厅、游乐园、特色小镇等，都能借由某一热门话题进行炒作/推广，通过社交媒体聚集人气，而后通过各种渠道变现，打造自己的网红属性。

【想一想】

鹿晗在上海外滩中山东一路和一个邮政信箱合影，然后发在微博上。这个位于外滩中山东一路的邮筒很快成为粉丝们的新宠，演唱会前后，都有人赶来与邮筒合影，队伍长约300米，甚至还有人排到凌晨4点。

同学们想一想，这种事件发生的原因是什么？在这批热门话题下，有没有产生网红产品，它们分别是什么？

（二）网红单品的属性

不是所有产品都能通过炒作和推广聚集到人气实现销量骤增，甚至部分产品在大量推广资金投入后，不仅没有产生预期的销量，甚至传播面和传播量都没有明显的变化。这其中的原因又是什么呢？分析近年火爆的一系列网红产品，大家应该能感受到，这类产品普遍具备以下属性：

1. 高颜值

在互联网时代，通过网络宣传产品，消费者第一时间能接收到的产品信息是产品的图片（图8-5），那么商家的产品外观能让人一眼看上去就有购买的冲动显得尤为重要。例如，星巴克的猫爪杯凭借超萌的造型吸引了一大批消费者抢购。

图8-5　星巴克猫爪杯

2. IP属性

IP就是别人对商家产品的认知，如图8-6所示。

3. 场景化

真正能成为网红产品的商品都具备场景化的属性，也就是产品在生产之前、商家已经考虑好消费者会在什么场景下消费自己的产品。

图 8-6 "三只松鼠"创意海报

4. 娱乐化

现有的网红产品本身不仅可以满足消费者消费的本质，更是促进消费者进行娱乐化的根本，好吃、好玩、有趣的产品才能吸引消费者的眼球。

5. 情绪化

网红产品本身不仅是普通产品，也是一种情绪的代表物，如"青春小酒"江小白——其表达的就是情绪，如图 8-7 所示。

图 8-7 网红产品宣传海报

（三）网红单品打爆模式

1. 产品：后置研发，先找用户

互联网群体多为年轻人，那么什么样的产品更受年轻人喜欢呢？从这个角度出发，打爆一个产品的最基础逻辑就形成了，如图8-8所示。

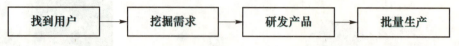

图8-8　网红单品打爆模型

例如，双黄蛋雪糕，2019年夏天上线，约4个月就获得了几千万元的销售额。

例如，传统品牌王老吉凉茶，在宣传上用了很多年轻人的语言，如"宅、猫、Wi-Fi"等，使年轻人看一眼就喜欢，如图8-9所示。

图8-9　双黄蛋雪糕和王老吉凉茶

例如，味全果汁，把文案放到瓶身上，在货架上与同类饮料形成明显区隔，而且饮料可以当作表白神器，如图8-10所示。

图8-10　味全果汁文案

2. 品牌：塑造 IP，激活社交

互联网时代的企业品牌形象主要在互联网社交平台上传播，因此企业改进的方向就是品牌社交人格化。如果企业想要在社交媒体上构建品牌人格，就可以从关注话题、语言风格、朋友圈等方面切入，进而引起用户与产品开展社交的兴趣。

单身狗粮（图 8-11）深度链接单身人群，一起玩，一起闹，同呼吸，共趣味。捧在手里的不是产品，而是一个故事。

图 8-11　单身狗粮独特 IP 设计

卫龙掌握了苹果风设计的精髓，擅长打造"中二"的性格，引来网友爆笑传播，如图 8-12 所示。通过产品升级，大面筋能够在很多时尚品牌商店售卖，甚至受到国外用户的追捧……

图 8-12　大面筋创意包装

3. 渠道：线上重营销，线下重服务和体验

在新媒体营销时代，品牌 = 线上 + 线下，线上更多的是信息检索、预约、支付等，

注重的是营销，而线下更注重服务和体验。线上营销除考虑用户、品牌、产品外，还需要考虑内容、媒介、渠道三个关键要素。

好的内容，能让用户在看产品、品牌时产生更多的价值联想；建立自己的媒介矩阵，如开通"双微一抖""小红书""B站""快手"等官方账号，拥有私域的流量池和自己的粉丝阵地；打通新渠道，引入"每日优鲜""小米优品""严选"等专业化平台，让产品在更多平台与客户进行互动。

【填一填】

你眼中的网红单品还有哪些？与本书介绍的单品属性里对比一下，看这些网红单品是否也具备这样的属性？并试试看能不能总结出它火爆的原因。

从品牌战略角度解析拉面说

按理说，方便面市场是一个超级红海（现今存在的所有产业）市场，那么拉面说是如何在非油炸方便面市场中拓出一块蓝海（未知的市场空间）市场的呢？

从市场看：满足了一个懒人经济的大市场据数据显示2018年外卖用户数量已超4亿人。另外，家政服务、同城快递等便利生活的"懒人经济"也正开始全面爆发。"懒"是人的一种本性，"懒"是时代进步的积极产物，从某种意义上讲，"懒"也是推动生产力和技术发展的动力之一。

从竞争看：升维打击传统方便面市场方便面市场是一个市场容量更大但竞争更加激烈的市场。近几年，不断增长中的中国方便面市场，2016—2017年，经历了行业格局重构的剧烈变化，方便食品制造业企业规模数十年来首次减少了139家，利润减少13亿。令人惊奇的是，2018年1到6月，中国方便面市场累计完成销量94.5亿元，同比增长17.25%，比整个食品制造业平均增速高了近12个百分点。高端面品类表现亮眼，某知名品牌近几年一直保持两位数的增长，超行业平均增幅。

根据中商产业研究院发布的《2017—2022年中国方便面市场发展前景预测报告》数据统计显示，中国方便面市场于未来可能会保持平稳增长（按零售额计）。估计中国方便面市场的零售额将于2021年达至约937亿元，2016—2021年的复合年增长率约为2.9%。"拉面说"要如何应对来自康师傅、统一、今麦郎、日清等方便面巨头的竞争？从模式看：像三只松鼠一样的轻资产模式；从品类看：重新定义日式速食拉面全新品类；从品牌看：定位高端健康方便面；从人群看：服务忙碌的年轻人；从产品看：超快的产品创新和研发速度；从营销看：电商、直播跨界玩出新花样和新高度（图8-13）。

图8-13　拉面说独特的创意宣传海报

（资料来源：https://zhuanlan.zhihu.com/p/135849914）

知识回顾

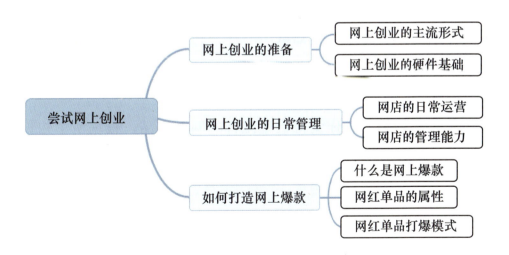

活动实践

活动一：自我分析——网上创业是不是适合自己？

【辅助知识】SWOT 分析法

SWOT 分析法是一种综合考虑企业内部条件和外部环境的各种因素，进行系统评价从而选择最佳经营战略的方法。S（Strengths）是指企业内部的优势，W（Weakness）是指企业内部的劣势，O（Opportunities）是指企业外部环境中的机会，T（Threats）是指企业外部环境中的威胁。

进行网上创业自我分析，并填入表 8-2 中。

表 8-2 网上创业自我分析

优势	劣势
机遇	挑战

活动二：路演模拟——我推荐的爆款

【辅助知识】路演是指通过现场演示的方法，引起目标人群的关注，使他们产生兴趣，最终完成销售。

以小组为单位，选择一款你觉得最近流行的网红产品，根据所学知识进行对比分析。

参考文献

[1] 方展画．创业教程［M］．杭州：浙江大学出版社，2012．

[2] 赵玉星．创业典范与实训教程［M］．杭州：浙江科学技术出版社，2014．

[3] 赵玉星．创业培训教程［M］．上海：上海大学出版社，2018．

[4] 赵延忱．好项目的12个来源［M］．北京：机械工业出版社，2009．

[5] （美）布拉德·菲尔德．创业园：创业生态系统构建指南［M］．北京：机械工业出版社，2016．

[6] 梅强，赵观兵．创业基地运营管理与案例分析［M］．镇江：江苏大学出版社，2013．

[7] 徐小洲．国外中学创业教育［M］．杭州：浙江教育出版社，2010．

[8] 王占山．中国创新创业教育史［M］．北京：社会科学文献出版社，2016．

[9] 黄宗良，汪建平，杨建辉，等．中职生创新与创业指导与训练［M］．人民邮电出版社，2019．

[10] 汤锐华．中职生创新与创业指导［M］．北京：高等教育出版社，2019．

[11] 杜跃平，段利民．技术项目评价与选择［M］．西安：西安电子科技大学出版社，2014．

[12] 李文庠．赢在创业（选择创业的58个方向）［M］．北京：中国纺织出版社，2012．

[13] 陈工孟，孙惠敏．机会识别与项目选择［M］．北京：经济管理出版社，2017．

[14] 余立来，封智男，张继东，等．互联网＋商业模式的颠覆与重塑［M］．北京：经济管理出版社，2016．

[15] 梁红霞，李克红，刘雅娟，等．管理会计［M］．北京：清华大学出版社，2016．

[16] 昝辉．网络营销书籍［M］．北京：电子工业出版社，2009．